切磋琢磨

ソフトテニスの構築と
深化を求めて

金井 豊
KANAI YUTAKA

幻冬舎MC

切磋琢磨

ソフトテニスの構築と深化を求めて

「花咲かせ　実をも想うわが胸に
憂いを支える　大樹よ根ざせ」

花も咲かせたい、実もつけたい ― 誰もが想う事でしょう。しかし、真に名実を望む人なら、失敗したらどうしようとか、できなかったらとか、先のことを思ってしまい、余計な憂い（不安）をいだくのではなく、まずは大地にしっかりと根を張って、たくさんの栄養を吸収すべきです。

将来、大きく伸びるための基礎をしっかり身につけよう！

はじめに

スポーツにおいて勝つことを求めるなら、徹底した「合理的精神」が求められます。いかに無理なく無駄なく目標に到達できるか、目的を達成するか。美しいフォームや理にかなった作戦、そして、練習内容においても、いかに「合理的」に行えるかは、勝負に大きくかかわっています。

しかし、文化としてのスポーツを考えると、合理的精神の発展だけが重要だとはいえません。逆に無理や無駄の存在が、そのスポーツの幅を広げ、深みを演出していることがよくあるのです。数多くの無理や無駄が、自然淘汰され消えていく中で、残ったものだけが真実のようになってしまえば、そこには研究し、工夫する余地がなくなり、文化としての発展は望めないからです。いかに無駄を残すか、いや、過去にどれだけ多くの試行錯誤を人が行い、研究やチャレンジを繰り返してきたかが、文化としてのそのスポーツの幅や深みを生み、味わいのあるものに育てていくのです。

指導者の多くは、限られた時間の中で、さまざまな能力や意欲をもった選手を育てていかなくてはなりません。したがって、合理的に物事を考え、よりわかりやすく選手に伝え、修得させようと努力していると思います。その意味では、そのスポーツの発展に多大な功績を残しているのです。しかしながら、それはそのスポーツを軽薄なものにもしているということも事実です。その点、ソフトテニスというスポーツを愛好されている方々や、特にその指導者の方々は、本当に素晴らしいと思います。合理性と、そして、非合理的ともいえる精神の部分の指導を、本当に根気よく指導され両立されていると思います。無駄ともいえる部分の指導に対しても大切に取り組み、おろそかにしていません。

もともとソフトテニスという競技の練習は、非常に時間がかかります。なぜならば、指導者自身が、技術を修得するにあたっても、単に技術を修得すればよいというものではなく、反復運動を重視し、根気よく、繰り返し時間を費やす中で、精神面の修行を求めているからでしょう。また技術を修得した後でも、どちらかというと、その後の精神面での戦い、姿勢等が大会に大きく作用するために、目標を達成するためにはより大きな比重で精神面での充実を求めています。

チャンピオンになることをめざすならば、多くの困難を乗り越えていかなければなりません。それらを乗り越えていくためには、数え切れないほどの挫折や失敗を繰り返さなければなりません。それを嫌がっているようでは、目標を達成することはできないでしょう。しんどいことは、誰でも嫌です。無駄はしたくないものです。挫折や失敗を無駄だと考える今の風潮からすれば、ソフトテニスほど無駄で、苦労の多いスポーツはないのではないでしょうか。

合理的精神は、無駄・無理を嫌い、バランスの取れた美しさを追求します。合理的精神が西洋で開花し、個人主義とともに時代を引っ張ってきたことは事実です。産業革命やさまざまな発見、医学の進歩等さまざまな面で人類の進歩に役立ってきました。スポーツ界においても、同じように飛躍的な発展をもたらしたということは周知の事実であります。ソフトテニスも例外ではありません。

一方、この合理的精神と対応する言葉として、無駄・無理を尊重し、精神的な深さを求める精神とは、何なのでしょうか？　それは日本人ならわかると思いますが、禅の精神でしょう。無駄の中にも、将来その無駄が成功につながる可能性を求め、無駄を経験したからこそ、成功の喜びを感じることができる。無駄を無駄と捉えず、無駄こそが文化の基礎であると考え、表面的な美しさにとらわれず、その華やかさだけでなく、目に見えない部分に文化の味わいを感じる。日本文化の誇れる伝統的精神。それが、禅の精神です。ソフトテニスには欠かせない精神面を支える重要な柱でしょうね。

私などでは、まだまだ迷いばかりで、生意気にもそんな悟りの境地を紹介できるわけがありません。ですから、ここに紹介している文章のすべてが私の発想ではありませんし、自分が修得できたものでもありません。多くは自分の経験から学んだこと、主観的な発想を紹介するつもりですが、自分の経験ですから、長年愛読している歴史書や、特に好きな時代劇小説、哲学書（いまだに理解できないのですが）、またはテレビで偶然得た情報、週刊誌・雑誌からもそのヒントをいただいています。当然ソフトテニス仲間や先輩、恩師、後輩から、教え子からも多くの教訓をいただいています。とにかく、多くの方々からの貴重な経験論やヒントをいただきました。もう忘れてしまったけれど、大切なこともあっただろうなぁと後悔しています。

話はどこまでも続いていきます。限りなく広がっていくのです。このようなどこまでも続く精神論。まさしく禅の精神だと思えます。

ソフトテニスの基本は無駄をたくさん経験し、精神を高めることでしょう。私なんかより素晴らしい話をしていただける方々はたくさんおられますが、私なりに積み重ねてきたことを伝えたいと思い、一冊の本にまとめてみました。ソフトテニスというスポーツが単に合理性を求めるだけのものではなく、文化としても深みのあるものとして今後も発展しますように願うところです。

目次

はじめに ―― 4

1　ソフトテニスを目的格のあるスポーツに育てていこう ―― 11

2　前衛のレシーブミスが勝負を分けるということ ―― 15

3　前衛はレシーブからリズムを作れ ―― 19

4　相手に「ファーストを入れなければ」という
意識を持たせよう ―― 24

5　勝負できるのは80％と20％の確率 ―― 27

6　「流れに逆らう」ということ　「流れに沿う」ということ ―― 30

7　ガットと話をしよう ―― 34

8　結果から今をたどるということ ―― 36

9　自分（前衛）が取れそうにない時は
後衛にコースを1本ごとに変えさせよ ―― 40

10　「引き出し」をたくさん作れ ―― 45

11　『間合い』ってなに？ ―― 47

12　「かます」ということ　「見せ球」を打つ ―― 51

13　「なぜゲーム中に、前衛がボレーできないのですか？」 ―― 55

14　ボレーについての基本動作 ―― 60

15　前衛の構えの考え方（右足ボレー＆左足ボレー） ―― 66

16　左手でラケットを支える ―― 69

17　バックボレーだけで一流になれる ―― 71

18　アタックの止め方《ステップ》 ―― 76

19　簡単を大胆に ―― 79
20　ファジーは難しい ―― 81
21　身体が覚えるということ ―― 83
22　後衛が悪い時はポジションを大胆に取れ ―― 87
23　呼吸を合わせるということ
相手の目つきを真似るということ ―― 89
24　相手の力量を測って試合をするということ ―― 91
25　ロビングの名手になれ ―― 94
26　発想の転換 ―― 96
27　丸く動く・考えるということ ―― 98
28　一流選手から学ぶ　素人から学ぶ ―― 100
29　一般論と逆転論 ―― 102
30　適応機制について ―― 106
31　相手の得意コースを狙う ―― 108
32　ゾーンとマンツーマン ―― 111
33　ハードアイとソフトアイ ―― 112
34　ラリーの3球目は、前衛はポーチに出てはダメ ―― 115
35　2本・3本の連続性 ―― 118
36　武器とよろいを身につけよ ―― 119
37　カウントでの考え方 ―― 121
38　相手の目の動きから予測するということ ―― 126
39　パターンを覚える ―― 128
40　『又新』 ―― 131
41　このミスや取られたことはファイナルで生きてくるということ
―― 132

42　稽古は強かれ　情識は無かれ（風姿花伝　問答条々　その五） 134

43　『目を鍛えよ！』 136

44　宮本武蔵『五輪書』より 140

45　『丹田』～精神を集中させる方法～ 142

46　先人から学ぶ 145

47　『一寸の虫にも五分の魂』 150

48　攻撃的「中ロブ」に応じた前衛のポジションとステップ 153

49　こんな試合がありました 157

50　「あれもできる、これもできる」は負けパターン
「これしかできない」が強い時がある 161

51　ある歴史書に、次のようなことが書かれていた 164

52　『自分を制することのできない人は、
自由の人と称することはできない。』 166

53　「日常の瑣事（さじ）」～忠臣蔵から学ぶこと～ 168

54　人間の値打ちについて 173

55　「乱打」を考える 176

56　「乱打」を考える　2 180

57　「乱打」を考える　3 185

58　「プレーヤーである前に……」 187

59　「この一球」 191

60　『看脚下』 195

61　『能力』と『人柄』 197

あとがき 200

1 ソフトテニスを目的格のあるスポーツに育てていこう

　クラブ活動に対してあまり行動的でない先生方のほとんどが、そのスポーツ（文化）に対する専門性の欠如を上げます。

　当然のことだろうと思いますし、私自身の場合もソフトテニスを３５年以上も続けているからこそ曲りなりにでも指導ができているのかもしれません。もし、違うスポーツを指導せよと言われれば、確かに困ってしまうでしょう。しかし、考え方を変えると、すべてのスポーツには共通する点があるといわれます。そう考えれば、やっていけないことはないのじゃないかなあとも思ったりするのです。逆にその共通点に喜びを感じて、のめりこんでしまうかもしれません。いずれにせよ、行動的でない先生方は、はじめからできないと諦めているのではないでしょうか。

「名選手必ずしも名監督にあらず」という言葉もあります。逆に、ほとんど素人であった先生方が、名監督として活躍されていることもよく聞く話です。私の高校時代の先生も大学時代は、ほとんど選手としては活躍されておられないと聞きますし、ほかにも、教師になってはじめてラケットを握った、といわれる素晴らしい先生方はたくさんおられるのではないですか。では、このような先生方は、いったいどのようにして日頃の指導をされているのでしょう。

当然、技術的な研究も熱心にされていると思いますが、このような先生方には、「ソフトテニスを教える」というのではなく、「ソフトテニスで教える」という指導に対する姿勢が共通してあるのです。たった一文字の違いですが、ここには大きな違いがあるのです。「ソフトテニスを教える」場合は、目的格が限定されていますから、明らかにソフトテニスの競技面・技術面が中心となり、それこそ専門性が重視されます。そうなると、素人では無理という発想が出てきますから、指導できないような感覚になるのは当然だと思います。

「ソフトテニスで教える」という場合は、文章の中に目的格は明記されていませんから、そこにその指導者が自由に目的格を挿入することができるのです。それぞれの先生が、目的格を補うことによって、さまざまな方向性を生み出し、開拓できるようになるのです。つまり、ソフトテニスで「何を教えるか」「何を学ぶか」は、それぞれの先生方や取り組む選手自身が、自由につけくわえることができることなのです。「私は、ソフトテニスで和を教える」「私は勝つことの喜びを！」「汗をかくことの喜びを！」「我慢するということを！」もっとおおきく「人生を！」なんてことも、それぞれの先生が自由にアレンジできるのです。
要は、「何を目的にするか」によって、そのクラブや、そこでそのスポーツに取り組む生徒たちの在り方は全く変わってくるのであり、また、それぞれが目標に向かって努力することの意義が発生してくるのです。「勝たなくては何の意味もない」というのは、あくまでもその人の価値観であり、実は、なんら大きな意味合いはないのです。それは、スポーツをする方々が単に結果を追い求めるだけでなく、「目的を達成する」ための努力こそを何よりも重視すべきだと思うからです。
たくさんの先生方が、いや選手諸君が自分で目的格を明確にし、特色あるクラブ、特色ある個性を作り上げていくことが何よりもソフトテニスの発展につながるのではないかと思います。

「できない環境を嘆くより、
やらない自分を嘆け」
悔しさが自分を伸ばしてくれるのなら、
悔しく思える自分を嬉しく思え！

「今できることを先に延ばすことが最大の
マイナスだ」という気持ちを行動に移そう。

2 前衛のレシーブミスが勝負を分けるということ

このことは、前衛のレシーブが偶数カウントで回ってくることでわかると思いますが、テニスは、どこかで２ポイント以上連取しなければ勝てない競技であって、０－２・０－３というカウントにするにはレシーブ側のミスは許されないということになり、さらにアドバンテージの際は、すべて前衛側のレシーブになるから、ミスがゲームを決定づける事になるのです。言い換えれば、ゲームの流れを作るプレーだから、自信を持ってプレーしてもらいたい。回りこんで逆クロスにしっかりレシーブし、自分のリズムでポジションを取るべきだと思うのです。当然バックでレシーブをする場合でも、自分たちの陣形をしっかりと作るという意識で、柔らかく返球し３球目攻撃に対応することを優先すべきでしょう。

もう少し付け加えます。なぜならば、このレシーブをどのように考えるかは大変重要なことであって、そのプレーヤーが前衛という役割をどのように考えているか、ソフトテニスというスポーツを、どのように考えているかということにかかわってくるからです。前衛にとってこのプレーは、必ずカウントがつきまとうから、カウントによる心理的な影響を強く受け、この心理的な影響をどのように理解し、克服していくかが、ゲームに勝つための避けられないポイントだといえるのです。

前衛は、気まぐれなところがあります。ラリー中に触っても触らなくても後衛がカバーしてくれれば問題はなく、その意味で、問題を先送りすることもできます（自分のイメージと少し違うからこのボールは見送って、イメージに合ったボールを狙おう）。

また、後衛に対して責任を転嫁することだってできるのです（抜かれたのは後衛がいきなりあんなコースに打つからだ）。言葉にしてパートナーに言うとトラブルになりますからあまり言いませんが、実際は、そう考えることでその場を合理化する傾向があります。心の中で抱えてしまうよりは気が楽だからそうすべきなのです。

必ず自分で処理しなければならないという必然性の中でプレーするのは（サービス以外は）レシーブだけなのです。レシーブとサーブはせねばならないという必然性があります。しかし、サーブは、サービスボックスに入れねばならないという必然性がありますが、動作として自分でセットし、トスを上げて打つわけですから時間的にも精神的にも安定した中で行えるといえます。したがってカウントによるプレッシャーがあったとしても比較的自分でコントロールできるはずです。しかし、レシーブは、少し状況が変わってきます。相手が打ったサーブを返球しなければなりません。時間的な余裕は、自分ではほとんど作れません。相手にあわせてプレーをしなければならないのです。相手が、サーブを入れればいやおうなしに、返球しなければなりません。その上、相手が雁行陣《がんこう》ならば、精神的にもプレッシャーが大きいはずです。そこにカウントが入ってくると大変なのです。１－０、２－１ならばこのレシーブをミスすると２－０、３－１になってしまう。だから丁寧にしたい。０－１、１－２ならばこのポイントを取れば０－２、１－３になる。早くポイントを取りたい。アドバンテージの時点ではなおさらでしょう。さらにゲームの流れや直前のプレーの影響なども加味されると、臆病になったり、無謀になったりと精神状態は、はなはだ混乱してしまいます。

アリストテレスの言う『中庸《ちゅうよう》の徳』は、その時、その状況に応じた勇気を身につけるよう生活の中で実践せよ、ということですが、なかなか難しいことだと思われます。難しいから、多くの場合は結果オーライで済ましている指導者も多くいますし、選手自身もそう考えてしまっています。ますます前衛は気まぐれな存在になりそうですね。

今後も、前衛側（＝偶数カウント）のレシーブが大切だということには変わりはないでしょう。時には攻撃的なレシーブも大切だと思いますが、気まぐれ的なポイントをねらうより、ミスのない安定的なプレーを目指し、そのことが最大の武器となるような選手になってもらいたいと思います。サーブ・レシーブで決着がつくようなら、ソフトテニスというスポーツの特性は半減してしまうでしょう。前衛のレシーブミスによって、ゲームをしている選手の集中力も、見ている観客の興味も半減してしまいます。手に汗握るゲームの条件は、前衛のレシーブミスがない試合だといえます。

サーブ側からにしても、レシーブ側からにしても偶数カウント、つまり逆クロスからの陣形で、ポイント力がなければ、ゲームに勝てないといわれるのは、当然でしょう。

3 前衛はレシーブからリズムを作れ

《セカンド　3歩、ファースト　5歩》

前衛が、自分のリズムでゲームを進めることできるということは、流れを把握し、勝負どころを見失わないためにも大切なことです。しかし、打球の機会の少ない前衛にとって、自分のリズムをつかむのはなかなか難しいことです。サーブゲームの時は、「とりあえず」クロスのポーチに出て……という行動を取ることもありますが、奇襲的要素が強く、このプレーで自分のリズムを作るということは、特定の場面では有効であるかもしれませんが、いつでもできるとは限らないし、逆に利用されたり、はずされたりすることを考えれば、最良の策だとは思えません。また、3ポイント目にはサービスでファーストタッチができますが、しかし、サーブの後のストローク、アプローチ、前へ動いてのローボレーに関しても、主導権は相手側にあり、だいたいが攻められている状況にあります。しっかりとしたプレーで自分のリズムをつかむことが大事なのですが、今はこのプレーに関しては後にまわして、「レシーブからリズムを作る」ことをテーマにしてみたいと思います。

前衛にとってのファーストタッチがレシーブということはよくあります。私なんかは、最初のレシーブに関しては、相手の前衛がポーチに出ようがどうしようが、後衛の前に打つ！と決めています。強打ではありませんよ。このレシーブは、考え方として無理はしないほうがいいことは当然ですし、ミスをしてリズムを崩すことのほうを避けたいものです。だから、あれこれ迷わずに自分のプレーに集中しようと思うのです。

といっても、丁寧にしすぎるのも困ります。なぜならば、前衛は、レシーブから試合全体のリズムをつかむべきだと考えるからです。特にラリーにかかわるためのリズムは、動きの中から生まれます。後衛サーブからのセットプレーでは固くなり、動くタイミングが取りにくいことが多く、絶妙な間合いと後衛とのコンビネーションが要求されます。このようなことから、できるだけ偶発的な結果ではなく、能動的に自分でリズムを作るには、レシーブからの一連の動作でその「きっかけ」を作るほうがより効果的だと思うのです。

レシーブを嫌がる人がいます。私も以前嫌な思いをしたことがあります。とにかく返らないのです。今では、原因もわかり、気にはならなくなったのですが、その時はいったいどうなってしまったのか、訳がわからなくなってしまいました。よく「走りながら打ってはいけない」と言われます。私もその時この言葉を思い浮かべていました。「基本どおり」を心がけたのです。それがいけなかった……。

いやいや、走りながら打てと言うわけじゃありませんが、本来レシーブだけのプレーというのはありません。それが、レシーブミスを避けたいということだけにとらわれてしまい、「レシーブ＋前進＋ポジション取り」という一連の動きを忘れて、それぞれを区分してしまったために、スムーズなプレーができなくなり、逆に力みが生じたのです。そういえば、日頃の練習で、レシーブだけの練習はあまりしたことがありません。慣れないことをしてはダメですよね。

実は、レシーブの基本は「**返球＋前進＋ポジション取り＋対応**」までの一連の動作をいうのです。これらの一連の動作を繰り返し、繰り返し行う中で、スムーズにプレーできるようになれば、無駄や無理がなくなるわけですから、自然にリズムが生じてくるはずです。

特に、前進に関していえば、ファーストサーブの場合は５歩目で両足着地、セカンドサービスの場合は３歩目で両

足着地、そして、同時にポジションを取るのがリズム的に次の相手ともテンポと合うのではないかと思います（微調整のためには両足を２度小さくついてもかまいません)。いわゆるスピリットフットワークの状態を作るのです。

対応に関しては、両足着地から右足をやや踏み出して、相手の打球がセンターにくれば、そのまま体重を膝に乗せてフォアボレーで対応、逆クロスにくれば同じく右足に体重を移行させ、その反動で左足を開き、からだの向きを変えてバックボレーに移行する。これらの動作が一連の流れであるということがポイントだと思います。

もう少し付け加えますが、なぜ前衛レシーブからのほうがリズムを取りやすいかということですが、後衛側のレシーブからだと、どうしても、ボールのコースや長さ、スピード等に対して、ついつい対応が遅れてしまうということが多いからです。その点、自分が返球しているわけですから、どのくらいの長さでどのコースに飛ぶかは、当然、打った瞬間にわかるわけですし、経験が積み重ねられると、その後、どんなボールが、どのコースにくるかぐらいは、おおむね予測することができるようになります。

場面は違っても、打った本人が一番、次にどうなるかを予測できるという発想からすれば、私は、フォローというプレーも、打った本人がすべきだと思っています。本人が一番取られるかどうかを知っているからです。しかも、案外、打つ前から、わかっているのではないのでしょうか？したがって、フォローに走れない後衛は、ダメだと思います。逆に、前衛のフォローは、ゲームの流れを決めたり、決定づけたりする要素が非常に大きいと思います。相手前衛の目の動きから、次の局面を予想して、積極的にフォローに挑戦してください。

スイッチ・スピード・スマートは**３Ｓ**といわれ、テニスのゲーム中だけでなく実生活の中でも大切なことと思います。『切り替えを早く、そして、さりげなく！』できることが自分にとっても、周囲のことを考えても大切で、自然とテンポが生まれてくるものです。集中力も自然に生まれてくるでしょう。

4 相手に「ファーストを入れなければ」という意識を持たせよう

《セカンドは攻撃的に！》

いわゆるセットプレーができる一番典型的な攻撃の形がセカンドからのレシーブです。ですからセカンドは二人で攻めたいもので、そのためにもパターン練習を繰り返しやっておくことは大切でしょう。一本で決めるのではなく、たとえ実戦で、一本で決まったとしても、攻撃側は一本で決める練習をするのではなく、第二第三の攻撃を繰り返せるようなパターンを身につけるべきです。できたらカウントに応じて、風を考慮して、または相手の陣形・得意不得意・レベル等を考慮してパターンをいくつも用意してやりたいものですね。特に相手前衛がサービスをするときには、８割以上確実にポイントに結び付けたいものです。したがって、それほどの確率を求めているのですから、確率が５割の一発勝負のようなレシーブでは困るのです。

前衛が前にいる雁行陣でのセカンドでは、やはり、アタックが不可欠です。但し、ここでは、アタックを多用しなさいと言っているのではありません。けん制の意味も含めて、相手に意識させることが大切だといっているのです。ツイスト、後衛の足元への深いボール、ミドル、前衛オーバーなど、攻める形はいろいろありますから、何もアタックだけにこだわる必要はありません。しかし、相手にアタックを意識させることによって、警戒心を持たせる事が大事なのです。そのことによって相手の動きが固くなりますし、そこにスキが生じるからです。また、アタックをする場合もスピードではなくコース、タイミングをいかにはずすか、そして、フォローとその後の自分たちの陣形と二次攻撃をイメージしたいものです。前衛というものは、体の周辺に来たボールを全部止めることはできません。瞬間的に取れるのは、せいぜい３点です。ということは、４点のうち必ず１点は、対応できないものです。警戒させることによって相手の動きを固くさせ、モーションによって体重をどちらかに移動させれば、４点目の反対側の高いコースはほとんど通ります。

　いずれにしても、セカンドを攻撃的にすることで相手のサービスの威力を抑えることが可能になるわけですから、徹底した練習が必要となるでしょう。ファーストを入れなければ、前衛が攻められる、ポイントを失うという気持ちを持たせることが、さらに相手のサーブ力を半減させることができるのです。

レシーブからの攻撃で、前衛がポイントを狙う形を４球目攻撃といいます。サインを出して、意志の疎通をはかり、８割以上の確率でポイントを取ることを目標にしてください。

また、攻撃の練習とともに逆襲される事に対するディフェンスの練習も同時にしておくことが大切です。

４球目攻撃……起・承・転・結で考えよう

起、サービス
↓
承、ややセンター気味にレシーブ
↓
転、回り込んでシュート
↓
結、クロスボレー

起、サービス
↓
承、ミドルを攻める
↓
転、バックでロビング
↓
結、スマッシュ

5　勝負できるのは８０％と２０％の確率

よくゲームの後、何の根拠があってあの動きをしたのか？という質問をされます。私の場合は、確率というほどはっきりした意識はありませんが、今までの経験で、多分こうなるだろうという「勘」が働くことだと思いますが、その思いが強ければ（「勘」という要素の確率が高ければ）、もしくは逆にくる確率が低ければ、８０％と「位置づけて」勝負！します。

逆に、全くわからん場合、時によっては２０％の確率しかない場合も勝負！但しその場だけの一本でなく、後の影響も含めて勝負をかけることです。このボールを、このコースを勝負かけるから、次にあそこで動けるとか、もう一度同じコースで勝負できるという、つながりを持って勝負を考えたいものですね。「時によって」、というのは、多くがリードされ、相手のペースでゲームが進んでいる場合です。わからんのですから、あまりポジションにこだわる必要もありません、「とりあえず」、アクションをとるのです。相手も、このような状況では、警戒心がやや薄れ気味です。目的は、「きっかけを作る」ことですから、抜かれてもいいのです。抜かれることを恐れてアクションがとれず、その結果として、リードされているのですから、そのままにしておいても結果は、目に見えているのです。できれば、いきなり相手の得意コースを狙いにいけると、後々効果的だと思います。

５０％ははっきりいって根拠があやふやであるとか、迷っている状態をいいます。こんな状態での勝負は、でたらめといえます。このような時は、「後衛に頼って」もいいのではありませんか。または、こういう時こそ、誘いのモーションや、自分の存在を相手にしらしめす、トリック的なモーション、相手前衛を「誘い出し」たり、「押さえたり」する行動をとり、無理せずに、ゲームを組み立てることを優先するべきではないでしょうか。

前衛がポイントをとりに行くような行動、ポーチやスマッシュ、を起こすときは、多くは３本目までで狙いを想定しますが、勝負のかかった一本をいかにとるか、または有効に生かすかは、そこまでのゲームの流れを把握することから始まります。前衛が「勝負する」ためには「一か八か」という５０％の確率ではなく、高い確率の中で勝負したものです。根拠を明確に、そして、その確率を高めたいものです。それでも１００％ということはほとんどなく、８０％予測できれば後はタイミングを計って思い切りよく行動をとるべきです。ただし、残りの２０％にも注意を払う必要はあるでしょう。一瞬の変化で全く逆に打たれるということはよくあるからです。そのことも当然の結果としてペアで対応できることができればあわてることもありません。たとえば回り込んで打つだろうと思っていたところ、バックで打ってきたとか、自分の後衛の打球が想定していたよりも伸びて深く入った場合などは、瞬間的に違うケースにスイッチする必要があります。練習でのこのような設定の繰り返しは比較的少ないのではないでしょうか。前衛の立場からすれば、８０％の確率をもったときには、後衛にはある程度ゆるく、相手が打ちやすいボールを打ってもらいたいというのが私の希望です。

6 「流れに逆らう」ということ「流れに沿う」ということ

ゲームには、流れがあることはわかるでしょう。ソフトテニスというスポーツには、確かに、多くの技術が必要ですが、それとは別に、多くの戦術や考え方を身につけることは、より大切だと思えます。その中でもゲームの**「流れを知る」**ということが何よりも大切で、ことのほか、テニスそのものだと思えます。なぜならゲームを勝ち抜くには、各ゲームの中でも必ず連続ポイントが必要で、それが、2本であったり3本であったり、必ず連続ポイントがあるのです。この連続ポイントこそが、つまり流れだといえるからです。連続ポイントが少ない状態は非常に緊張したゲームであり、レベルの高い試合だといえます。

「流れに沿う」ということは、リードしている時が多いのですが、前衛の立場であれば後衛に打ちやすい状態を作ってやり、このような場合、「勝負を控える」ことも大切です。後衛の立場でも自分から決めに行かずに、展開することにより前衛にポイントさせるよう心がけるべきです。無理をせずにポイントが取れるなら、そのままがいいのです。あえて流れを変えてしまうような行動はマイナスになります。何もしなくていいのではありませんが、無謀なプレーや安易なプレーで連続失点をしてしまいますと一気に流れが変わります。すべきことを当たり前に、さりげなくこなしていき、思い込みによる「我」を出さないことが大切です。

「**流れに逆らう**」ということは、当然負けている場面で、相手に連続ポイントされている状態ですので、そのままじゃあ負けるということですから、現状打開のための行動が必要です。当然パワーがいります！川の流れに逆らって突き進んでいくべきなのです。したがって、体力もいるし、技術もいるし、なによりも気力が大切でしょう。それは頑固ともいえるくらいの意志の強さも求められます。リスクを恐れない開き直りの境地にわが身を置く訓練が必要です。元プロ野球の監督、野村克也氏がこんなことを言っていました。

「結果を変えたければ、
自分自身を変えよ」

『できる』と言うより
『できない』と言うほうが難しい
なぜなら、『できない』と言う前に、
あらゆる可能性に対し、
全力で取り組む必要があるからだ。

「できる」「できない」に関しては、その人の能力により大きな違いがあります。
　だから、人により結果が違うのも当然であり、生き方・考え方に違いが生じます。
　個性が生まれるのもこのようなところからです。

　しかし、ものごとを努力もしないで『できない』ですましている時点では、個性も何もありません。個性の放棄でもあるのです。限りない可能性を持つ君たちが、最も個性を強調すべきはずの君たちが、『できない』という言葉を安易に使い、一番大切なものを失う。こんなことだけは何としても避けたいものですね。

7　ガットと話をしよう

「しぐさ」を覚えられるということは一流の証

「しぐさ」は精神安定剤のようなものです。そこからは、独特の雰囲気が発生し、その人のムードですから、自分中心にゲームを作る手助けにもなります。逆に、調子が今ひとつの時も、意識して、いい時の自分がする**「しぐさ」**を行うことで、イメージがわいてくるのです。

一流選手の中には独特の「しぐさ」をする選手が多くいます。そのしぐさをしている時は、多くの場合、自分を見失うことなく、自分の時間を持っていますから、まだまだ何かを仕掛けようと考えている状態なのでしょう。一種の催眠効果があると思えます。プラス思考がわいてきます。最初は意識して、人から何かいわれても気にせず、しぐさが自分のものになるまでやってみてはどうでしょうか。

初歩の段階としては、プレーの合間にボールに視線を落とす、ボールに何か「ささやきかける」方法がいいと思います。プロ野球では、桑田投手がよくやっています。プレーの前に視線を集中しておくという作業は、集中すべきものに注目しておくという点で、プレー中に速いスピードで行き交うボールを、視線で追うことを非常に楽にしてくれます。プレーが始まった途端、速いスピードで行き交うボールに視線を集中しようとしても、なかなかうまくいくものではありません。事前の下準備が必要というわけです。

ガットを見つめ、ガットと話をしてもいいですね。ガットのよじれを直したりすることも大切です。細い物に神経を注ぐことによって、繊細なところに集中力を注いでいる自分を確認するのです。ゲーム中、自分の時間を作るということは大切なことです。ほんの一瞬でいいからガットと話をしてみませんか。自分を活かせる独特の**しぐさ**を身につけてください。

8 結果から今をたどるということ

「負けた」を早く意識せよ　開き直れるから

「過去」の積み重ね、「流れ」を読み取り、「未来」を予測する。そして、「今、自分が何をすべきか」を導き出す。このような考え方は、次の行動を決定する上で大切です。そして、多くの人がこの方法で、次の予測を立てているのです。いわゆる、「歴史を学ぶ」意義はここにあります。

流れが大切ということを繰り返し述べています。試合全体を見た時、それは**起承転結**という言葉であらわすことができるでしょう。小さな流れもあれば大きな流れという表現もできます。1ポイントの中にも流れを感じます。(起)セカンドサービス⇒（承）レシーブ⇒（転）センターを攻める⇒（結）ロビングスマッシュという形も流れであるといえます。

しかし、現実、選手はゲーム中にこのような考え方は持っていません。選手自身がゲーム中にとっている考え方は、『**結⇒転⇒承⇒起**』という流れではないでしょうか。なぜなら、最終的に目標を達成したいがための行動を重視し、今何をすべきか、を考えるからです。

こんな話を聞いたことがあります、アメリカインディアンのナホバ族の人たちの言葉ですが、「今の環境は、未来の人たちから借りているのだ。借りているものだからきれいにして返すのが当然だ」。環境問題に関しての講演で聞いた話です。今は環境問題を取り上げるつもりはありませんが、発想として、未来と今の関係を、このような形で考えたことがありませんでしたので、とても新鮮だったのです。将来を想定した中で、今の自分がすべきことを求めることは、これも当然のことですよね。

今の試合の流れで、将来の結果を想定すると、これは「負ける流れ」だということがわかることがあります。たとえば、接戦だけれども、どうもゲームが取れずに２－０でリードされている時に、接戦だからひょっとしたら何とかなる。べつに自分達が悪いわけではない。アンラッキーが続いただけで、まだなんとかなりそうだ。というふうに考えることがあります。多くの場合は４－０で負けるでしょう。非常に危険な状況に気がつくべきなのです。または、１－０の２－０でリードしている状況から逆転負けをする経験はよくあることですし、そこから勝ちを収めた経験もよくあることです。ファイナルの２－０、３－０も同じです。リードしている時、されている時にかかわらず、このような状況はたくさんあります。

案外、相手のミスなどで「事なき」を得ていることも多いのですが、危険はいっぱい転がっているものです。すべて感覚的であり、あいまいな状況判断から発生するミスです。だいたいが負けてから「あ～あの時に……」って思うものです。それならば、ゲーム中に、最悪の状況つまり、「負けた」から発想することが大事なのかもしれません。

自信を持ってプレーをする。勝利に向かって自分の能力を最大限に発揮できれば、結果は自ずからついてくるものです。先のことを考えて「迷うな！」というアドバイスは、よくあることだと思います。雑念を捨てることによって力を発揮させたいのでしょう。

このような方向とは逆行するようですが、「これは負けパターンだ」と、開き直って、プレーすることも、時には必要ですね。

『**武士道とは、死ぬことと見つけたり**』（**隆　慶一郎**）はまさしく肝に銘じる言葉です。終わってから考えることは誰でもします。多くの人は、ゲーム中に、結果を想定しない中で、自分の力を発揮したいという願望を強く持つから、負けるのです。まだ、生きているから、まだ挽回できるという期待からか、自分のあいまいさを棄てきれずに迷ってしまうのです。死んだ人間は迷いません。抜かれることを恐れませんし、ミスを怖がりません。捨て身の戦法も、真に棄てなければ、迫力はないものです。「開き直りの練習」を真剣にしてみてはどうですか。

「一たび心の中にて死したる者には　真田の槍も為朝の矢も透らず」

9 自分（前衛）が取れそうにない時は後衛にコースを１本ごとに変えさせよ

「取れそうにない」と感じる要因として考えられるのは

・ゲームの流れなどで、ポーチができそうにないと感じてしまう（アクションをおこすための、心理的・物理的要素が見出せない）
・相手前衛に先に動かれ、後手に回っている
・相手がショートボールやロブをうまく使いコートを広く使っている

など、その状況によって違いはありますが、自分自身が消極的になっていることに違いありません。その状況を自分自身が認めているかどうかが問題ですが、時には状況が判断できずに、「様子をうかがっていた」とか、「ゲームを壊さないようにしていた」という判断で行動をとらないでいることがよくあります。そのような時は、大体後衛が苦しむでしょうし、無茶をしてしまいます。

つまり、ペアとしてのコンビネーションがうまくできない状態でもあります。このような時は、積極的に前衛が後衛に対して「早めにコースを変えるよう」指示を出し、ポ

ジション取りを入れたプレーをはさんでポーチ・誘いを考えたほうがいいと思います。このことによって、相手も動作を入れたプレーをおこなうため、自分とのリズムが合いはじめ、いわゆる歯車が合うことがあるのです。もっと状態が悪い時は、徹底的にコースを変えることを考えたほうがいいでしょう。相手に狙い球を絞らせないためにも、またはコートを広く使い、同時に自分の発想も広くするためにも、そういう指示を積極的にすべきではないでしょうか。

後衛の配球の原則を、「相手を前後左右に動かすこと」と教えている方をよく見かけます。このことに関しては、前衛として一言物言いをつけたいと思います。前衛と後衛のコンビネーションでは、できるだけ、ペアが同じことをイメージするということが重要なことです。ですからイメージが、ばらばらにならないようにすることが何よりです。

「気まぐれ」とは言いませんが、自分の後衛に「好き勝手」に打たれたら、前衛はたまったものではありません。自分の後衛が好き勝手に打ったボールに「対応する」ことに注意がかたより、「ポジションをとる」だけで精一杯になります。とても「かけ引き」なんてできませんし、なによりも消極的になるのは目に見えています。私が選手の時は、後衛があっちこっちコースを変えると注意をしたものです。

ソフトテニスの醍醐味は前衛と後衛とのかけ引きであり、ペアのコンビネーションです。そして、後衛の理想は、「センターにボールを集める」ことです。センターセオリーを常に使えるならば、負けることはないと思います。しかし、実践では相手もいることですし、そう簡単にはいきません。相手の前衛がいますから、センターセオリーを使う場合でも、当然高さのある配球になります。そうなると攻撃力が弱まりますからどうしてもクロス、ストレートに強く打ち込む傾向が出てくるのです。あっちこっちに打てるのならセンターに集めてもらいたいものです。センターに打てないのならば、次には後衛の前に一定の長さのあるやや緩めのシュートボールを打ってもらいたいものです。相手前衛が追いかけてきた時、はじめてコースを変えるのであって、それが、サイドパッシングであったり、しぼるボールであったり、たてを使ってのロビングであったりするわけです。相手の動きが事前に予測できれば、直接ポイントをねらったり、有効打を打って前衛に決めさせたりするプレーになります。

できたら、このような段階をもって、配球してもらいたいというのが前衛からの要請です。何を基準に考えているかが共通しているから、自分の後衛の配球により、自分の後衛の心理状態も分かったし、調子も測れたものでした。相手とのかけ引きもできたし、状況について、自分の後衛の状態とも相談できた。前衛はそのようなデータを持った中でゲームができたと思うのです。

後衛が、相手後衛を動かすことを理想として、好きなように配球した場合、前衛は、自分の後衛の配給についていくだけで必死になり、まさしくネット際で運動会をするようになり、ポジションを取るだけで精一杯になります。前衛をつぶす気ですか？　そんな気になってしまいます。確かに、ラケットがよくなってさらに後衛の技術も高まりました。中学校では、運動能力の高い選手が後衛をするほうが勝ちやすいという判断で、どうしても前衛の力が劣る傾向があるそうです。しかし、前衛は、後衛よりもたくさんの技術を修得しなければなりません。実戦では、ボールに触る機会が少ない分、ゲームを左右するポイントに多くかかわらなければなりません。多くの指導者や後衛の中には、できたら、前衛が未熟だから大切な部分にはかかわらないで欲しい、その分、後衛が前衛に取りやすく配球するから、ポジションだけは取っていてくれ！　そんな感覚のように思えてしまいます。

できたら、前衛も、こういったことを頭に入れて、自分の後衛と配球について考えてもらいたいと思います。自分の理想があるから、その理想と違う状況が発生した時に、次の指示が出せるのではないでしょうか。「すまんが、コースをできるだけそろえないように打ってくれないか」「1本1本高さをつけてでもコースを変えてくれないか」こんな前衛からの提案がゲームの中で話し合われて、対策としての作戦が成り立つのではないでしょうか。

10 「引き出し」をたくさん作れ

いろんな知識を持っていても、それらを使い分ける力がないと、単なる物知りであり頭でっかちであって余計に迷ってしまうものです。

状況に応じて、必要なことを引き出し、整理する力が大切です。

君の机は整理ができていますか？　必要なものがどこに入っているか整理できていますか？　いらないものはしまっておいて判断に迷いが生じないようにしたいものです。これらの使い分けは日頃の訓練です。生活自体が訓練といわれるのもこの辺なのでしょうね。

『　耐雪梅《たいせつばい》花《か》香《かぐわし》　』

春に先立ち、２月から３月にかけて咲くのが梅の花
冬の寒さに耐え、咲かせた花から放たれる香は、私たちに春の近づいたことを知らせてくれる。

滋賀県長浜市では、毎年盆梅展がひらかれ、人でにぎわう
また、学問の神様とされる菅原道真をまつる京都北野天満宮なども、道真が好きだった梅の花が所狭しと咲き、受験生や多くの観光客でにぎわっている。

やはり、厳しい自然を生き抜かなければ、香たつ花をつけることはできないのでしょうね

東風吹かば　にほいおこせよ梅の花
あるじなしとて　春な忘れそ
菅原道真

11 『間合い』ってなに？

言葉であらわすには非常に難しい動作？で、剣道ではよく使われる言葉です。表現しにくい空間・時間・心理等を表現するのに、ぴったりと合う言葉です。日本語の宝物のような気がします。ゲーム中競っているときに『間合いを取る』とは、時間的な意味があり、「一呼吸」いれるという精神的な意味合いも含まれます。前衛と相手後衛との『間合い』は、距離・コンビネーション、または、タイミングのことをいいます。

剣道では、相手の竹刀が自分の竹刀と触れた瞬間、どのくらい交差したときが飛び込むタイミングだ！というのがあるらしいです。竹刀の触れ合う浅い・深いが間合いの基準というのです。まあ、個人差もあるだろうし、一概には言えないでしょう。伝統ある日本の文化が、それだけだとも思いません。いずれにしても自分の『間合い』を持つことが大きく勝敗にかかわっていることは事実です。

したがって、『間合い』を無視し、自分本位に行動しても、相手にかわされるし、逆を取られてしまいます。『間合い』とは、相互の関係の中で生まれてくるのです。相手があるから自分がある。自分と相手との相互関係の中で生まれる、時間的、空間的、精神的「妙」。基本的にこのことを理解しなければ体得できないことなのでしょう。

話は脱線しますが、それじゃあ武器が違えばどうなるかということです。つまり、剣と鉄砲の勝負ではどちらが強いかということですが……そんなこと子供にも答えられますし、歴史がちゃんと証明していますよね。剣が届く以前に鉄砲に撃たれて終わりです。なぜかというと、根本的に、距離が違うからですよ。遠くからでも攻撃できる、射程距離が長い鉄砲の方が相手の攻撃の前に攻撃できるから、相手に攻撃をするチャンスさえ与えずに決着をつけることができるからですよね。

ソフトテニスでも、当然、鉄砲に代わる攻撃力のあるボールが打てれば、そのほうが有利だということがいえます。つまり、相手の間合いのはるか遠くから攻撃できれば、負けないのですからね。具体的には、速いボールでしょう。ラケットの開発により、より軽く、より反発力の強い道具が使用されるようになり、このことは現実になっています。選手自身の体力や技術の向上もあるとは思いますが、何よりもラケットの質が飛躍的に向上したことが大きいと思います。遠くからでも攻撃できる後衛のストローク、破壊力のあるサービス、スマッシュはなんと言っても大きな武器なのです。

話を戻しますが、確かに道具はよくなったと思いますが、まだ鉄砲とまではいかないでしょう。ですから、やはり間合いは意識する必要があります。間合いとは、一つは距離です。さらに時間(タイミング)。または呼吸。そして、心理的なかけ引きもその要素として考えられます。犬には、近づいていい距離と、踏み越えてはならない、つまり相手が危険を感じて噛み付いてくる距離とがあるらしいですね。特にいきなり近づくとびっくりして敵か味方か判断できずに噛み付いてくるらしいです。距離のことを言っているのですが、確定した距離はいえませんが、自分が一番ぴったりくる距離を探してください。攻撃の時、正クロス・逆クロス・右ストレート・左ストレート・スマッシュ・ボレーそれぞれ少し違いますよ。またはディフェンス・誘いの間合い、いろいろと試す中ではかってください。時間（タイミング）も試してみると面白いですよ。早めてみたり、遅らせてみたり、動かずにいたり……。心理面でも横柄にしたり、臆病にしたり、強気でぐいぐい押したり……いろいろと試してその状況に応じた間合いを体得してください。

ソフトテニスにおいては、テニスほどサービスゲームでの優位性はありません。“ブレイク！”は重要ですが、7ゲームマッチでは、ある意味当然なのです。それはサービスの威力や2ポイント毎にサービスを交互に行う等の特性があるからです。

しかし、サービスを後衛が打ち、前衛がネットにつき、相手にプレッシャーをかけるという一番強い型で6ポイント中4ポイントを望むのであれば、やはりこの型を優位として考えるべきであり、前衛は“間”をはかり、“間”を詰める中でレシーバーに制限を加え、危険を感じさせる中で、自由に打球させない、そして、ミスの確率を高めさせることを強く認識すべきでしょうね。

12 「かます」ということ「見せ球」を打つ

将来、起こり得る結果から判断するということの延長線での話です。前半、前衛のサイドを攻撃せずにゲームを展開していたら、接戦になった時、特に後半になってから攻撃的に前衛の傍に打てなくなってしまった。いつでも攻撃できそうな状況だから、あえて攻撃的に打たなかった。そのことが、後々自分の打球範囲を狭くしてしまう。攻撃的に仕かけたくても、相手ディフェンスで、カス当りでも、ネットを越えれば、決まってしまうような気がする。さらに、その失点で負けてしまいそうで、だから触られたくない。そういう状況だからこそもう一度展開するしかない……。

何のことはありません。もう打てない、前衛の傍を通せないように自分で自分を追いこんでしまっているのです。または、いつでも取れそうだけど無理にポーチに出なくても……という考えがあったことによって後半動けなかった……なんてことがよくあります。

後で何かをするための布石となるボールを打っておくこと、行動をとることを**かます**といいます。「布石」とは、囲碁で、対局での序盤の石の配置で、将来に備えた手配り、準備という意味です。また、**かます**という言葉は、不安定なものを動かないように、隙間に物を押し入れる。くさびをかます。とか、相手に何かを仕掛ける。強い衝撃を加えることをいいます。奈良県や滋賀県の一部では、けんかを仕掛けるという意味でも使われています。先制攻撃で相手を動揺させるということとは少しニュアンスが違うのですが、たとえば、前衛がクロスポーチに出たのですが、先を通された。自分の後衛がクロスに返球した時、その前衛はすぐにストレートに戻れないから、戻ると見せかけてそのままセンターにいた。すると、相手がクロスに打った球が正面にきてボレーした。というだまし的な行動は除きます。確かにその後、相手はその前衛がどう動くかわかりづらいから迷うでしょうが、偶然の中で発生したことですから今は考えません。

明らかに、最終的に、そのボールを生かしたい、その前段階での意識的なプレーをいいます。相手の前衛が上手だといわれる場合は、前半にその前衛を中心に攻めて動きを止めるとか、早い中ロブをあえて前半に多用し、前衛に中間守備をとらせ後半シュートを打つなど、いろいろ考えられると思います。セオリーを無視したプレーも大切でしょう。後衛ではラリー中にチャンスボールでもないのにいきなりミドルに打つことによって、相手前衛に必要以上に警戒心を持たせるのです。前衛というのは早めにディフェンスに入ることによって相手後衛に自分の動きを見せ、後衛側に打たせるということを考えます。陣形を作りたいという心理が働くからですが、このような時は比較的反応が鈍っています。頭の中でゲームを組み立てている状況ですから、２球後とか、自分の後衛が仕掛けた時に攻撃したいという心理が働いているのです。まだ勝負するには早い、確率が低い……そんなことを思っているのです。つまり、様子を見ている状態なのでしょうね。前衛にすれば、あまり勝負してきて欲しくないのが心境です。勝負して欲しくないから早めに動きを見せているのです。このような状態で、いきなり攻められると、非常に混乱しますし、ボレーを決めたとしても、そのボールの印象が非常に強く残り、ついついそのことを引きずって考えてしまうものなのです。特に後半いやなものです。

「まさか、こんな時にそこには打たないだろう」、「確率的には、こうするだろう」と思える状況でのまさかのボールは、流れをうまく引き寄せるには、効果的だと思えます。
「あの時、あのコースに一本**かまされた**のがきつかった」

と相手に、言わせることができるようになれば、そのボールに自信を持って下さい。ゲームの「かけ引き」が楽しくもなりますし、プレーに幅が出てくるでしょう。

ただし、逆の現象もありますから、打ちっぱなしは避けてください。つまり、「あのコースを最初に止められたから、苦しくなった」ということもありますからね。できれば、フォローできるように準備することが大切です。

13 「なぜゲーム中に、前衛がボレーできないのですか？」

よくこの質問を受けます。まず、この質問に対して、私が一番困ることは、質問している本人が、どのような状況をイメージしているかがわからないということです。ゲーム中のボレーというのだから、コースボレーだと思うのですが、どのような場面なのかによってたて面を使うのかよこ面を使うのか、ポジションをどうするのか、スタートのタイミングとか、または、まさしく、ゲームカウント等、その時の状況をどう考えているのかなど、違いがあるはずなのです。それを一言で質問されると、おもわず、「勘が悪いんじゃない」と答えてしまいそうになります。

失礼だとは思いますが、「**勘**」は大切です。いわゆる「ヤマカン」ではありませんし、焦りから生ずる思い込みでもありません。いくら技術を修得していても、うまくポジションが取れるようになっても、予測し、判断する力がなければスタートのタイミングがつかめません。「**勘**」というのは、ゲームをする中では最終的にたよるべき頼もしい感覚なのです。

さて話を戻しますが、すでに述べてきたように前衛がゲーム中にボレーを決めるには大きく分けて４つのプロセスを踏むと考えられます。一つは技術です。フォアボレー・バックボレー、たて面・よこ面、ランニングでのボレー・ディフェンス的なボレーなど基礎的な技術の修得です。二つ目はポジションです。基本的に３分の１理論を理解することが大切です。そしてここでも、ポジションを取るタイミングも工夫したほうがいいでしょう。三つ目はスタートのタイミングです。いつアクションを起こすか、それは状況にもよると思いますが、相手後衛のラケットがフォアードスイングに移った瞬間、動き始めた時です。しかし、実際は、その瞬間を見極めることは特にゲーム中では難しいですから、練習中から意識してそのタイミングをはかっておくことが必要になります。ストロークのタイミングは人それぞれ違いますし、打点によっても、または打ちたい球種によっても違いが出てきますから、同じタイミングではありません。

しかし、多くの選手は、次の３つの動作を経て、ボールをとらえています。①軸足を決めテイクバック　②体重移動　③フォアードスイング、そしてインパクトです。ですから、前衛は、日頃から①、②、③のタイミングを数えることによって、ボールの出るタイミングを覚える習慣をつけることが大切だと思います。レベルスイングを①、②、③のタイミングでアクションをとるようにすると、トップ打ちの場合は、体重移動が小さく、すぐにフォアードスイングが始まり、インパクトまでの時間も短いですから①、②③（もしくは①、②）のタイミングでアクションを取るべきです。ボールを落とした場合は①、②の③というふうに自分のイメージした状況にあわせて、スタートのタイミングをはかるよう心がけてください。

基本ボレーの練習の時、後衛が前衛を見ないで、勝手にどんどん球出をするのをよく見かけます。前衛が構えてもいないのに後衛が打ってしまいますから、前衛はあわててアクションをとらなければなりません。これでは練習になりません。前衛を上手にするのは後衛だということをもっと意識してほしいものです。一球一球に心をこめてもらいたい、というだけでなく、前衛がいろいろなタイミングをはかろうとしているときにこんなことをされては練習の効果が半減するのです。前衛はもっと強く文句を言ってもいいのですよ。ただし、自分が、何の練習をしているかを理解できてないと文句も言えませんけどね。スタートのタイミングをはかることに、もっと注意を払うべきだと思います。

四つ目は、予測し判断することです。何にでもいえますが、予測がなければスムーズなスタートは切れません。いきなりの状態でボールがくると、筋肉が硬直してラケットコントロールがスムーズにいかず、ミスしてしまいます。予測はリラックス状態を作るための重要な要素です。判断に関しても、予測の上で判断するのですから、一大決心をしてアクションを起こすというのではなく、肩をぽんとたたく程度の判断から次のアクションに移行できるように心がけてください。

予測・判断に関する要素には二種類あります。心理的要素と物理的要素です。このうち予測にあたる多くの部分を心理的要素が占めています。たとえば、相手がネットした後、次はミスしないように、ややボールを落とし、丁寧に後衛の前に打ってくるだろうな、という予測です。その状況に至るまでの心理から、次の予測をするのです。だいたいの予測でいいわけです。

物理的要素とは状況による変化でもあります。上記のような予測を立てていても、いきなり、クロスに厳しいシュートボールを後衛が打ったとしたら、状況は変わります。後衛の前に丁寧なボールは来るわけがありません。逆に、相手後衛も打ちやすそうな、しかも、ちょっと回りこむようなボールを後衛が打ってくれたら、丁寧に打とうと心がけますから、そのまま予測を静かに決断に移行すればいいのです。そう、**肩を軽くたたくような決断**でね。（８０％の確率とは、このような状況でしょう）

前衛のボレーとはこのようなプロセスの中で生まれるのです。とくにポジション取りまでの練習はできるのですが、スタートのタイミング・予測・判断に関しては、多くの経験と地道な反復練習が必要となります。この反復運動と多くの経験から生まれるのが「勘」なのです。

私は、最後に頼ることができるものは、自分自身の「勘」だと信じています。それは、自分自身の練習の成果であり、長年の経験からくる第六感のようなものなのです。「勘」を信じることができず、見えるものだけから判断しようとすると、反応が遅れてしまいますからタイミングは合いません。思い込みのような状況で予測を持つことも避けなければなりません。また、予想通りになったとしても、「力み」が入るとミスにつながります。本当に前衛とは難しいものです。間合いをつかむことの重要性がことさら再認識させられるようです。

14 ボレーについての基本動作

ボレーに関しては、多くの考え方があり、また、ゲーム中にどのような状況の中で、どのようなボールに対応しようとしているかにより、形が変わってくるでしょう。

今回紹介するボレーは、少し一般的なイメージとは違うかもしれません。それは、体の回転やねじれ、肩を入れるという動作をしないように意識して行うプレーだからです。「百聞は一見にしかず」といいます。文章にするよりは、実際に見ていただいたほうがわかりやすいのですが、あえて抽象的なことを具体的にイメージするという作業をしていただきます。ポイントは、２本の肩幅のライン上を動くということと、軸足と踏みこみ足の入れ替えです。試してください。下半身でプレーするということが理解できるのではないでしょうか。〈右利き、フォアボレーをイメージしています〉

プッシュ系ボレー

〈足の動きについて〉

①方向を決める一歩目……

左足からスタートします。あくまでも方向を決める一歩目だから、できるだけ軽く、右足をまたがない程度がよいのではないかと思っています。

②軸足となる二歩目……

この軸足がボレーの大切な要素となります。まずは右足の位置ですが、身体にねじれや回転が加わらないように、一歩目に対し、肩幅分平行に踏み込むことが大切です。踏み込みの度合いは、相手との距離・打点・コースへの距離・予想されるボールのスピードと相関します。ですから、一歩目からの動作から二歩目に関しては、ステップを取る形に近いでしょう。次にその右足に体重が移動しいわゆる「ため」をつくり三歩目に移る。

ここで、「**ため**」とは何かをイメージしてもらいたい。言葉で表現しにくい言葉ですが、ここでは**いつ・どこに・どのタイミングで二歩目と三歩目を入れ替えるかを調整すること**だと規定します。

ランニングボレーというプレーがありますが、今は基本ボレーの説明をしているわけで、その応用であるランニング、つまり走りながらという動作は考慮しないことにします。まず基本動作を身につけるべきです。したがって、身体にねじれ・回転が加わらない状態を理想としています。

無意識にしてしまう動作の中に、ねじれや回転を生じてしまう動作が加わらないよう注意することが大切です。たとえば、三歩目が二歩目をまたぐ状態、つまり右足のスタート地点と二歩目のラインの延長線を三歩目がまたぐと、自然と上半身にねじれ・回転が生じることとなり、ラケットの軌道にも円運動が生じる。したがって、スタート地点と一歩目を結んだラインの延長線に三歩目が着地するのが理想だということになります。

特に、**足の入れ替え**という表現に注意してください。軸足である右足と、踏みこみ足である左足の動きを意識下に置いて欲しいのです。多くの選手が、ボレー時に足が流れるという状態になります。それは、ボールをとらえるということに対して、どうしても上半身の方が対応しやすいと考えるからです。遠いボールに対しては、腕を伸ばそうとし、近くにくれば、ひじをたたみ対応しようとする。こういう意識を練習中から持ってしまうからでしょう。上半身の方が融通が利くというのは間違った認識であると思います。確かに、とっさの面処理は、上半身の動作が対応の鍵だと思いますが、基本練習では、**いつ・どこに・どのタイミングで二歩目と三歩目を入れ替えるか**を意識し、下半身でボレーするように心がけていただきたいのです。気まぐれな上半身でプレーするより、下半身の方が信頼できるものです。

〈上半身の動きについて〉

前にも記しましたが、私は、上半身は基本的に気まぐれだと思います。ですから、できる限りいろいろな動作はしない方がいいと思います。とくに、ねじれや回転を利用したスイングは避けるべきです。たまたまいい当たりをしてもあくまでも偶然です。偶然を求める練習こそ避けなければならないものなのです。こんな考えが身につきますと、それこそ、ゲームの勝ち負けも偶然ですし、こんなことで成功すれば、誰も努力する人はいなくなってしまいます。

基本練習での上半身の動きは、ひじの使い方とラケットの**抜き**を意識すべきでしょう。フォアボレーでのひじの稼動範囲は、非常に小さいことにも注意してください。ですから、ひじの運動としては、上から下へ下ろすのではなく、小さく上から下へ下がったひじを、大きく下から上へ引き上げるような動作になります。このようなひじの動きによって、ラケットは上へ移動します。この上への移動、つまりこれを**抜き**というのですが、このタイミングを練習するのです。

ボールを思った方向に飛ばしたい時、当然その方向に力を加えれば飛ばしたい方向にボールは飛びます。しかし、逆に、反対の方向に力を加えることによってもボールは、飛ばしたい方向に飛ぶのです。つまり、右に飛ばしたい時には、ボールの左半分に力を加えれば右に飛ぶし、左に飛ばしたいときには、ボールの右半分に力を加えれば、ボールは左に飛ぶのです。したがって、下に飛ばしたい時は、ボールの上半分に力を加えると、ボールは下に飛ぶということになり、その力加減で、ボールの長さを調節できるということになります。

抜きを早くすると、リストのしなりが速くなり、ラケットのヘッドは、前へ移動します。したがって、ボールの上半分に力を加えることができ、ボールを下に飛ばすことができます。ボレーのネットは、**抜き**が速すぎるということでもあります。**抜き**を遅くすると、リストのしなりも遅くなり、ボールの下に力を加えることになりますから、上に飛びます。遅れた場合、バックアウトが多いのは、こういうことなのです。したがって、ボールコントロールをいかにうまく行うかは、この**ラケットを抜くタイミング**を身につけることが大切だと思います。基本練習では、このことを意識して、**抜き**を早くして短い距離にボレーしたり、**抜き**を遅くして、足の長いボレーをしたりという練習をすべきでしょう。

面処理系ボレー

このボレーは、ボールの飛ぶ方向は、ラケット面の動きが速ければ速いほどラケットが移動した方向へ飛ぶ、という考えを利用し、ボレーに応用するのです。ボールによって、打球したい方向・角度・スピード等によって、それぞれ違う対応が必要であり、いわゆる慣れ・経験・反応を身につけなければならない。身のこなし・体のさばき・ラケット操作などにより応用として自分のものにしてもらいたいと思います。実戦でのプレーの多くは、面処理によることが多い気がします。プッシュ系が、そこに打たせてプレーするという感じなのに対して、身体のためを作れず、バランスを崩してのプレー、ネットに付き過ぎてプッシュの幅がない場合に、応用的に使えると有効です。スマッシュやハイボレーにも使え、角度もつきやすい。プッシュと面処理を同時に使えると、またプレーの幅は広がると思います。

15 前衛の構えの考え方（右足ボレー＆左足ボレー）

ネットから離れれば離れるほど、ひざや足首、腰などの関節は深く曲がるべきだという考え方からすれば、ネットに近づくにしたがって、それらの曲げはしだいに浅くなる、ということになります。

深くかがみすぎると、屈伸運動が大きくなり、速いボールに対応できません。これでは前に立つ意味はありません。動作が大きくなるため、余計な筋肉が緊張してしまい、思うように身体が動かない状態では、チームとして、マイナスとなります。目の高さを白帯の位置まで下げるということも、よく言われるのですが、そう考えると、背の高い人にとっては、窮屈であり、動きが遅くなりますから、マイナスなのでしょう。

逆に、体が伸びきってしまっても、小さい変化に対する対応ができません。ある1点は力が入るけれど、その他に来たボールには、バランスがくずれて取れないということになります。確かにネットに近づく程、関節の屈伸の度合いは小さくなります。しかし、伸びきってはいません。それぞれの関節は小さく曲がっているわけです。

ラケットの位置については、いろいろと考え方によって違いが生じます。それぞれが身体にあったラケットの位置を考えてください。たとえば、特に韓国の選手に多く見られるのですが、ボレー自体、面を出してから下半身で追いかけていくような形を持っている選手であれば、構えた時のラケットの位置は、身体の前でやや高めにセットされるべきでしょう。いわゆる、**右足ボレー**というのがこの形でしょう。

しかし、動きの中でボールに対応してラケットをひき、ためを作ってボレーするような選手はあまり高い位置にセットする必要はないでしょう。打球が極端に速い場合は前者が有効でしょうし、比較的ゆるいボールに対応するには、後者のほうが有効な場合が多いと思います。これは、**左足ボレー**になるのでしょう。

何よりも大切なことは、単に構えるだけではなく、相手に対しては威圧感があることと、自分自身はリラックス状態があり、さらにその中で、頭が働いていることでしょう。つまり、次のボールに対しての予測ができる状態であるということです。

鉄は熱いうちに打て！

刀を作るとき、鉄を真っ赤に焼く。熱いうちに打たなければいい刀はできない。

何度も何度もたたくうちに不純物が打ち払われていくのだ。強い刀はこうして出来上がる。

同様に、人間も純粋な気持ちを持つ若いころに鍛え、知識を叩き込み、また、仕事なども情熱の冷めないうちに成し遂げるのが一番いい。頑張ろうと心に決めている今、その決意が熱いうちに、やれるだけのことはやれ！

16 左手でラケットを支える

ラリー中の前衛の構えを見ていると、左手でラケットを持たず、右手だけで、しかも、ラケットのヘッドをだらりと下げている選手が多くなりました。片手でラケットを持ち、リラックス状態を作ろうとすると、このような形になるのでしょうね。面を高く上げろというのではありませんが、このような形では、フェイスが閉じた状態になりますから、ボレーがスイングになりやすいでしょう。ボレーがプッシュだけであるという意見には賛同できません。スイングという運動も必要だとは思います。だから、リラックス状態は大切だし、ラケットが下がる事には反対しません。やり易いならそれでいいのかもしれません。 しかし、フェイスが閉じた状態からフェイスをひろげて待球姿勢に入った場合、ボールを捉える運動としては、フェイスを閉じにいくことがほとんどなのです。つまり、スイングでテイクバックするとフォワードの運動もスイングするのです。ですから、スピードボールに対して、タイミングが合えばすごいボレーになるのですが、タイミングが外れれば、とんでもないアウトにもなるでしょう。

そう考えると、特に速い球に対応し、いろいろな大会で活躍していこうと思うのなら、左手で、ラケットのイチョウを支えるように持つことを勧めます。微調整が可能になり、体でプレーするには、グリップエンドが膝の上に位置する方がいいと思います。体重のかかった足の膝の上です。そのためには左手で支えることが大事なのです。さらに、プレーの中での体のねじれや回転を押さえるのにも役立ちますし、フォローもしやすいはずです。

ラケットの軽量化が一つの要因です。バトミントンのラケットのような感覚で持っているのでしょうか……。

17 バックボレーだけで一流になれる

ポジションに関しては、よく三分の一理論が言われます。岐阜の熊田先生が提唱した理論で、基礎的な理論として身につけておく必要があります。今回は、それとは別にバックボレーのリーチにより、ポジションを考えることを紹介します。

はったりではなく、リーチがあればどんどんコート中央に立てるじゃないか！という発想を持つべきだろうと思うのです。**はったり**という言葉は、大胆に、粗放に事を行う。実状よりも誇大にふるまう。という意味で、そのことによって相手を萎縮させたり、必要以上に警戒心を持たせ、行動を制約させることを目的としています。

ポジションを大胆にとれるということは、相手に対するプレッシャーをかけることもできますし、相手をじっくり観察するためにはあわててサイドを守りにいくような動作は、マイナスとなることはいうまでもありません。間合いを取るということは大切です。その間合いはディフェンスにおいても必要だと思います。相手が打球するぎりぎりまで見切る勇気とそこから対応できる技術を身につけましょう。

バック側のリーチが広いのは、最後に背面になれるということで理解できます。バックボレーが頸反射を利用することにより背面となり、リーチが広がる。このことは正しいと思います。しかし、注意すべきことがあります。以前は、背面なんて曲芸みたいなことをすると指導者に怒られたものですが、最近は流行みたいに多くの選手がしています。練習で守って欲しいことは、背面ボレーが基本ではなく、基本で届かないから背面になる、という意識をもつということです。あくまでも、背面になったというのは結果であり、それは応用の一つなのです。背面を中心にして練習をすると、身体の近くにきたボールまでも背面で処理するようになります。男子では、ややイースタンに持ち、カット気味にボレーをする選手をよく見ます。これでは、幅のあるプレーは望めません。そのような相手には最初に身体の近くにかましておけば、後半守っても、遠くのボールはほとんどチップしてくれます。応用はあくまでも基本の延長線上にあるという意識が練習では大切だと思います。

フォアボレーにも言えることですが、ボレーを腰でするというイメージは理解できますか？　特にバックボレーのリーチを広げるためには、大切だと思います。腰の切れがいい（軸足である左足と右足の入れ替えが鋭い）からリーチが広がり、さらに、下半身がしっかりしているから頸反射によりさらに鋭くリーチが伸びるのです。下半身が不安定な選手は、ほとんどが、すぐに腰を浮かしてしまいます。だから、ここに頸反射が入ると飛び上がってしまいますし、体が後ろへ回転し、ねじれが生じてしまい、必要以上に右方向に飛んでしまいます。また、ネットすることも多くなります。ゲームでは、コースに足を運ぶということも基本でしょう。このような飛び跳ねるようなプレーは、大切なところでミスにつながることは言うまでもありませんし、心理的にも、ミスを恐れるがために、間合いが取りきれず、モーションのタイミングが早くなってしまうものです。

ここでは、もう一つ、**ひじ**の話をしておきましょう。バックボレーで大切にしてもらいたいのが**ひじ**の動きです。よく「脇をあけるな！」という指導をされる人がいます。私は、このような指導は間違いだと思っています。脇を閉じると、つまり**ひじ**を下げ、**ひじ**をたたんだ状態からのプレーは、バックではなくフォアボレーであり、フォアボレーを右方向へ打球するにはコースよりも左にいなければなりません。したがって、左側のコースに対しては、スタートのタイミングは早くなり、ポジションもコースに近づいてしまいます。すなわち、クロスからは、左ストレートを警戒するため、ポジションは相当ストレートによってしまいます。バックボレーのリーチが広いからポジションが大胆になる、という考えからかけ離れてしまうからです。**ひじ**は、前に張るべきだと思います。ひじを前に張ることにより、その稼動範囲は非常に大きくなり、いわゆる**ふところ**が生まれるのです。さらに**ひじは、左下方向から丸く円を描く**ような動きの中で、タイミングをつかむようにすると、うまくボールをとらえることができます。

ハイボレーでは、さらにこの円は大きく下から描かれるようになります。このような運動を取ることにより、高いボールにも十分対応できるようになります。女子選手のバックのハイボレーは重要ですね。ラケットを高く上げることばかりに気をとられるのではなく、一度下へひじを下げてみてはいかがですか？　大きな円を描くことができることに気がつくはずですよ。
（この項目では、ほとんどクロスでのポジションをイメージして記しました。また、前衛は右利きを前提にしています）

同治と対治

同治と対治という言葉があります。もともと仏教の言葉です。

たとえば、高熱を発したときに氷で冷やして熱を下げるようなやり方を対治といいます。これに対して、十分温かくしてあげて、汗をたっぷりかかせ、そのことで熱を下げるようなやり方を同治というのだそうです。

悲しんでいる人に「いつまでもくよくよしていてもだめだよ。気持ちを立て直して頑張りなさい。さあ！がんばろう」というふうに励まして、それで悲しみから立ち直らせるのが対治的なやり方です。これに対して、黙って一緒に涙を流すことによって、その人の心の重みを少しでも自分のほうに引き受けようとする、そういう態度が同治なのだそうです。

18 アタックの止め方《ステップ》

アタックを止めるにあたって何よりも大事なのは、タイミングです。何のタイミングかといいますと、**コースに入るタイミング**です。速すぎても遅すぎても止められないように思います。だいたいのコースを予測してポジションを取り、そこから小さいサイドステップで微調整をしながらコースに入ります。このタイミングが合えば、ほとんど止めることができるでしょう。わざとコースを空けて、反動を使ってそのコースに入る選手もよく見ます。要はタイミングなのです。

《ラケット操作と考え方》

理想は、自分のバック側に打たせるほうが、リーチがあるから守備範囲も広がります。多くの人は、構えた時、バックの形で構えているものです。それが一番リラックスできるからです。フォアで対応するのがなぜ難しいかといえば、リストを返さなければならないからで、ひじでボレーをすることを心がけている選手は、ひじを絞って面を作りますから遅れやすいですね。

逆にリストの強い選手は、リストの返しも早く対応もしやすいかもしれません。面倒だから全部フォアで対応する選手もいますが……このことに関しては、なんとも言えません。理想的にはすべきでないのでしょうが、何度も言いますが、ラケットが改良されたおかげで、ボールのスピードやボールの角度が本当にきびしくなっています。また技術力も向上しています。フォアであれバックであれ、まず相手コートに返すことを優先するならば、リストでタイミングを取るのもいいのではないでしょうか。

いずれにしてもこのことは理解しておいてください。瞬間的に取れるのは**L字に3点**だということです。ここでは顔の正面をのぞきます。フォアの低め・高め、バックの低め・高めの4点を意識するのですが、動作として一連の流れで対応できるのはそのうち3点であるということを理解しておくことが大切です。バックの低め・面を返してフォアの低めと高め、フォアの低めと面を戻してのバックの低めと高め、どうしても低めに意識がいきますから、この低めの2点ははずせません。この2点プラス高めの1点です。4点ともとらえようとすると、ほとんど止めることはできません。ストレート系統ならばバックの低めと高め・面を返しながらのフォアの低め、フォアの低めと高め・面を戻しながらのバックの低めというふうの**L字型（三角形）**で反応できるようにしてください。

さらに、強くプッシュする意識もなくしましょう。面を作り、グリップの握りだけでいいのです。決めてやろうと思えば力みが入ります。パンッ・パンッ・パンッ！三ヶ所に小さく対応できるように心がけてください。

人生とは毎日が訓練である
私自身の訓練の場である
失敗もできる訓練の場である
生きている　を喜ぶ訓練の場である
今、この幸せを喜ぶこともなく
いつどこで幸せになれるか
この喜びをもとに全力で進めよう
私自身の将来は　今、この瞬間ここにある
今　ここで頑張らずにいつ頑張るか

（尾関宗園）

19　簡単を大胆に

相手に与える印象のことですが、特に自分の後衛が打ち込んだ後のチャンスボールは、前衛は大胆に、派手に決めてもらいたい。できたら派手なガッツポーズを含めたプレーをしてもらいたい。自分の後衛も乗ってくるし、相手の後衛だけでなく、前衛にもダメージが残るように決めよう！

後衛がいいボールを打って、いわゆる「死に球」が前衛の前に上がってきました。誰もが決まったと思った瞬間、その前衛が優しくポンとボレーしました。それが何とアウトしてしまったとき、歓声は信じられないものを見たかのようなどよめきに変わります。会場全体がその後起きるであろう不幸を予感するのです。プレーしていた選手も当然感じています。取り返しのつかないことを起こした責任を感じ、平静を保つなんてできないでしょう。

アウトしないまでも、フォローされ、その後失点した場合も、同じように誰もが「流れが変わる」ことを予感するでしょう。あまり好きな言葉ではありませんが、「人は、その人がそう思うようになっていく」といわれます。ポジティブな面で使うべき言葉ですが、ネガティブな方向でもこの言葉は通用してしまいます。「みんなから期待されればそのように成長する」という言葉も同じようにマイナス方向にもいえるのです。「平気！」と声をかけてもプレーヤーには何の効果もありません。

逆に、同じ「死に球」であっても、大きな声で派手にポイントすると「勢いに乗り」ます。私はプレーヤーの技術力よりもこの「勢い」の方を信用します。その勢いはこのようなところから生まれてくるものです。相手に「あきらめさせる」ことの重要性は、勝負にかかわる方なら誰もが知っていることなのです。

20　ファジーは難しい

ファジーとは曖昧という意味で、狙いと少し外れているけど……とか、速くもないし遅くもない・シュートのようでシュートでない・決められそうでコースがない・こないだろうと思っていたけど自分のほうにきた。そんなプレーはよくミスにつながるケースがある。

要するに、自分自身が予測していなかったボールに対応しなければならない時､力みが生じ､体が固くなる。しかし、自分の範囲に来たのだから決めなければいけない。力みとあせりが余計に体を固くしてしまうのでしょう。瞬間、体が固くなり、上半身でプレーしてしまうからミスになりやすい。このような状況に対応するには、**身のこなし**を練習しておくことが大切で、軸足をとり、膝やひじ等に**タメ**を作ることがよく言われます。同時に、身のこなしによって、ボールとの距離を取ることを考えます。**身のこなし・足のさばき・面処理**等、瞬間的にボールに対応できることが大切で、バックラインでなくサイドラインを狙う練習が大切です。

身のこなしとは、体をそらすという動作やバックのハイボレーなら後ろを向く、左右に上半身をスウェービングするなどの動作をいいます。力みなく、特に肩に力が入らないように注意してください。

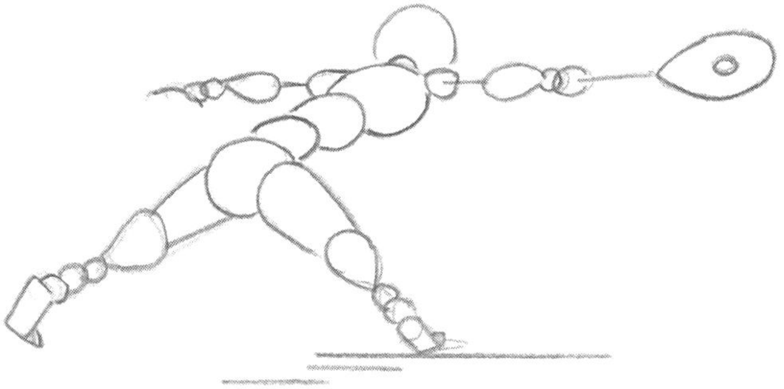

21　身体が覚えるということ

①理解すること
②やってみること
③できたことの喜びを感じること
④繰り返すこと
⑤継続すること
⑥そして人よりも**テンポを速くすること**
⑦実戦で**無意識**に行動に移せること

身体が覚えるということについて、これらのステップを踏まえているかどうかが大切で、練習でたまたまできたことに過信することが実戦では何よりも危険であり、将来を望むならば、精進することが大切であります。

多くの人が③の段階で終わってしまいます。『三日坊主』ですね。中途半端がなぜよくないのかは③の段階で得た喜びが、ここでやめることによって過信に変化するからです。そこには謙虚さが失われ、横柄さだけが残ります。

大変なのはここからです。単調な運動を繰り返すことのつらさは人間にとって本当に苦痛でしかありません。最近では楽しいこと・面白いことが生活の中でたくさんあります。何も自分からつらい思いをしなくてもお金を出せばいくらでも手に入るものはたくさんあるのです。そんな生活に慣れてしまった人たちにとって、「ひたすら」「黙々（もくもく）」と単調な動作を繰り返すことは耐えられないのでしょうね。このような時大切なのが仲間であります。人間は弱い生き物です。一人では耐えられないものですが、仲間と一緒ならば耐えられるし、更に、ここに競争という要素が加われば逆に楽しくできるものなのです。チーム作りが上手な指導者やリーダーは、このような苦しいことなどを楽しくしてしまいます。つらい練習をニコニコと積極的にやっているチームを見ますと、そのチームの指導者やリーダーの人柄もよくわかります。くじけそうになっている仲間を周りがサポートする時に「私も嫌だけど我慢しているんだから……」なんていわれると悲しいですよね。精神面を支える格言や名言に心を打たれるのもこのような時期です。選手から求めてくるようになります。時期的にはテニスコートが存分に使えない冬場がその時期でもあるのですが、寒いからといって選手だけにさせておくということはないでしょうね。一番精神面が育つ時期、チームがまとまらなければならない時期ですから、指導者の方々には是非、傍にいてやっていただきたいのです。④繰り返すこと。⑤継続することは３ヶ月を一つの目安に行ってください。

もう一つ注意点があります。『繰り返すと身につく』ということを忘れないでいただきたいのですが、この言葉は、**正しいこと**を繰り返すことによって**正しいこと**を身につけるという意味です。逆にいうと、間違ったことも繰り返すと身についてしまうという意味も含んでいるのです。成績の悪い子は、家庭学習をしません。授業中も集中しません。これは「しない」のではなく、「できない」のです。「しない」ことを繰り返してしまったために「しない」ことが身についてしまい、「できなく」なってしまっているのです。

ソフトテニスのプレーにしても、ストロークにおいて体の左にきたボールをすぐにバックで打ってしまう選手がいます。回り込まないのではなくて、回り込めないのです。このような動作は言葉でいっても直りません。繰り返し反復することによって自然に体が反応するまで練習させてやるべきです。

次の動作は、回り込みの動作の例です

A　ワン・サイドステップ

B　左足を軸に右足を回して回り込み軸足とする

C　左足を入れ替え自由足とする（重心は右足）

D　自由足である左足をボールにあわせて微調整し、踏み込む

E　打球する

この動作を繰り返し行うことによって正しい動作を身につくようにしてください。

最後に⑥のテンポを速くするということですが、打球を速くするという意味ではありません。「**リズムを速く**」するという意味で、速くすることによって無駄や無理をなくすのです。テンポを速くすることによって身体のキレをよくしようという意図です。合理的にプレーが行われているかどうかは、「素早くできるかどうか」ということであり、またその結果、バランスが良くなってくるのです。だらだらとした練習の中では、その「だらだら」が身につきます。どんどんテンポを速め、単調な練習の中にもプレッシャーをかけてやれば、寒い冬場も汗だくになって楽しく練習できるのです。

22 後衛が悪い時は ポジションを大胆に取れ

後衛の調子が悪い時というのは、多くが、どこに打てばいいのか迷っている状態をいいます。相手の前衛が気になるだけではありません。自分の前衛がどう動くのかわからないとか、何を狙っているか分からないから、ついつい長いボールを打ちたがり、コースが甘くなっているのです。そんな時は、前衛が戦線の中に入り込み、そこから指示していくという勇気が必要なのです。前衛がスリリングなポジションに立つことによって、後衛もまたその中で思い切りのよいボールを打ち出すのです。後衛には「**背中を狙っていいぞ！**」くらいのことを言ってもいいのです。

前衛の役割は、単に相手後衛の打球をポイントするだけではありません。司令塔として状況を分析したり、自分の後衛にアドバイスすることも大きな役割です。時には「間をとる」ことや「かき回す」「相手にそう思わす」など、いくらでも役割があります。

ポジションを大胆に取ることのもう一つの効果は、一般的なポジションを取るのではなく、クロス展開ならぐっとセンターにより大胆にポジションを取ることによって「前衛対前衛の勝負」ができるということです。相手前衛に自分が先に仕掛けるぞ、という姿勢を示すことによって、一呼吸でも、「相手前衛にスタートを遅らせたり」逆に、「早めさせたり」できるのです。「相手の前衛を誘い出させる」ようになったら一流です。「ポジションを下げさせる」こともできるでしょうし、フォローの体勢をとらせることによって後衛が広くコートを使えるようになるのです。

ネットを挟んで、相手前衛をコントロールすることができるということはあまり認識できていません。残念なことです。

23 呼吸を合わせるということ 相手の目つきを真似るということ

相手の心理を読む方法の一つです。相手と同じ状態になって、同じ心理になればわかりやすいことはたくさんあります。

心理を読む、知ることによって行動を導き出すことはできます。人間の行動は、欲求の中から発生します。その欲求が満たされない状況は欲求不満（フラストレーション）の状態で、この状況が表情や目つきに表れてくるのです。当然態度にも表れるでしょう。

しかし、多くの選手は、このフラストレーションを表情や態度に極力出さないよう努力します。つまり我慢するのです。勝利をめざして自分をうまくコントロールできている時は、呼吸も落ち着いているし、視線も遠くを見られる状態を維持しています。呼吸が乱れ、視線が定まらない状態は目の前のことしか考えていない状況ですから、突発的な仕掛けがあるかもしれません。要注意ですね。誘ってやると引っかかることが多いでしょう。

相手のテンションが高い時にも、そのテンションにあわせた対応が必要でしょうから、同じテンションから行動を予測して先に対応していく必要があるでしょう。

「出鼻をくじく」という言葉がありますが、生活の中でも、何かしようと思っていたところ先に誰かがしてしまったり、または、「早くしろ」と言われたりすると「今やろうと思っていたのに……」とついつい愚痴をこぼす格好になり、「やる気が失せる」ということはよくあることでしょう。
　そういった意味でも、相手の呼吸の変化や目つきから行動を予測し、先手を打つことができれば相手の「気をそぎ」意気銷沈させるようなこともできるのではないでしょうか。

24 相手の力量を測って試合をするということ

試合に臨む中では、自分自身の力を発揮するということは何よりも大切ですが、そういった中で、状況に応じるということにも注意を払う必要があります。つまり相手のレベルを分析するということです。そのために、対戦相手の前の試合を観戦するのは当然です。

たくさんのデータを持ってゲームに臨むのです。レシーブの１本目はどこから入るのか。サーブの種類は？どのカウントで仕掛けてくるのか、つなぎのボールは後衛の前なのか、それとも前衛オーバーなのか、逆襲はあるのか、それはどのコースか、いろいろとチェックする項目はあります。そして自分たちより格上なのか、格下なのかを判断することも重要なことだと思います。相手が格上ならば、前衛としては、いつもより積極的に取りにいくことをイメージしなければなりません。ラリーが長くなれば、勝つ確率は低くなるからです。できたら３本目５本目までに決着がつくように仕向けるべきでしょう。相手が、格下だと判断した場合は、なるべくラリーにもっていくほうが有利に試合を進められます。相手を見下してみるほうがいい時もあります。

相手を見下してみるというのは馬鹿にするとかという意味ではありません。相手のすることをパターンやセオリーで読んでいくということです。つまり、「君は今同じコースに何本も打つことができないだろ？だから次はクロスだろ？その次はストレートだろ？そしてロビング。つまったらセンターしかないじゃないか」というふうに先のことはわかっているのだよ、という感覚を持つということです。深く考え、高い次元で相手を過大評価してしまうことで、自分のプレーが存分に発揮できないならば、後悔するでしょう。相手の力を見切るのも、勝つためには大切な要素でしょう。

先に先に行動をとり、自分のペースでゲームを組み立てていけるように日頃からゲームを観戦する中で組み立てや予測をしてはどうでしょうか。ゲームをスリムに考え、その形に相手を誘導するようなゲームをしてみたいですね。

ただ注意すべき点もあります。特に、最初から相手を見下す行動は危険です。ゲームをする中でいろいろな情報を集約し、ゲームの流れを把握することが前提です。割り切ることと油断とが入れ替わってしまっては大変です。もう一つ、「窮鼠（きゅうそ）猫をかむ」という言葉もありますから、どこかで逃げ道も作ってやるべきです。追い詰めすぎて失敗することだってありますからね。

25　ロビングの名手になれ

ソフトテニスの特徴とも言うべきプレーがこのロビングです。硬式と違って柔らかいボールを使っていますから、このロビングも非常にさまざまなスピードを打ち分けることができるのです。したがって、**緩急の差が生み出す心理的な影響**もソフトテニスという競技の特徴でもあるといえるのです。

打たれても、打たれても、ロビングでベースライン付近に何本でも返球できるという事は、負けないための必須条件であります。ロビングが打てない、すぐにミスしてしまう選手は致命的です。上位に進出することはないのではないでしょうか。

さらにロビングをセンターに集めることによってセンターセオリーが使えます。まさしく、この一本は絶対にやれないという場面では、徹底的に使うべきだと思うのです。そのための練習も積極的にそして粘り強く、繰り返すべきだと思います。案外多くの選手は、取るための練習、攻撃的な練習には興味を示しますが、取られない練習、負けない練習をおろそかにしているのではないでしょうか。

逆クロスに関しては、相手に読まれていたとしても、深ければ、有効打になります。特に女子ではこのスマッシュを決める選手は限られています。前衛にとっても逆クロスの深いスマッシュは難しいのです。また、スマッシュしたとしても、後衛はカバーのために逆クロスに回りこんでいますから、正クロス側がオープンスペースとなります。このことを利用して、わざと追いかけさせてもいいのです。そして、スマッシュが甘ければ、チャンスです。

緩急の差を思い通りに操れる選手が、名手と呼ばれることには、私も賛成です。

26　発想の転換

８＋２＝　　　　　　５－２＝

これは日本の算数であり

■＋■＝１２　　　　■＋■＝８

　これは最近テレビで放送されていますが、イギリスの算数だそうです。非常に興味深いことですが、日本人の思考に深くかかわっているように思われます。日本の算数は、式が書かれており、式に基づいて計算し、答えを導いていく。

　つまり、「このようにすればこうなる」という具合に一つの回答に向かって思考をめぐらせるのが一般的で、その回答以外は誤りとされます。小さい頃からこのような算数に慣れてしまうと、確かに思考が一つの正解を求めて画一的に働き、独自の自由な発想を伸ばすことができないかも知れません。それどころか、間違えれば、こんなこともわからないのか、と叱られるのだから、子供たちはその思考の形に従わざるをえない。

　一方イギリスの算数では、解答が記されており、求められるのはその方法であるから、自由に数字を入れることができます。しかも、答えは無限に広がっていき、その中から、先生を困らせてやろうと、一工夫も二工夫もするかもしれない。そうすると、その生徒は、思考をどんどん広げ成長するだろうし、発想が豊かになって、物事を多角的に捉えることのできるようになっていくだろう。

このことは、社会生活を送るにあたっても同じことが言えると思われる。たとえば、掃除にしても、こういう方法ですればきれいになる、といわれれば、みんな同じ方法で作業をします。しかしそこでは、きれいにするにはどうすればいいか、という工夫が、子供たちは沸いてこない。自分たちでどうしたら、きれいにできるか。どうすれば相手が喜んでくれるか。素敵な笑顔を見ることができるか、いたずら心が工夫に変わるような指導方法を私たちも工夫しなければいけませんね。

27　丸く動く・考えるということ

前衛の動きが一番スムーズでしかも理にかなっているのが丸く動くという状態でしょう。予想・ポジション取り・待球姿勢（タイミングを把握する時間）・行動・相手の前衛の目をみる・フォローの体勢・予想・ポジション取り……という動作が順番に取れている状態が本来の姿です。

調子が悪いとか、相手の後衛となかなかリズム・テンポがあわないなどポイントできないのはこれらが混乱している時でしょう。私も後衛にもうちょっとゆるいボールを打ってくれ、と思うことがよくありますが……とくにテンポよく相手後衛が打ってくる場合は、それぞれを確認することができずに、多くはディフェンスとフォロー・ポジション取りばかりで精一杯になっているから単調な動きになりやすいのです。頭の中も丸く、動作も丸くできれば見えなかったことも見え出してくるのですが……混乱は、前衛をやっていて一番悲しい状態ですよね。

そんな時は思い切って大きな丸を小さな丸に変えてみる

ことです。つまり、いらないこと、つまりその状態で自分にできないこと、期待されていないことを省略して、たとえばポーチなんてできそうになかったら行動はすでに決まっているのですから、ポジション取り・相手の前衛の目を見るだけで十分なんじゃないですか？　フォローなんか入れたらばたばたしますよ。フォローの体勢＝ポジション取りにしてしまって待球姿勢、つまり、ショートカットして動くためのタイミングをはやめにはかってもいいんじゃないでしょうか？

大きな丸をショートカットして小さな丸に切り替える意識は、身につけるとゲームでの動きが変わりますよ。

28 一流選手から学ぶ 素人から学ぶ

一流選手から学ぶことはたくさんある。頭で理解できない時は一流選手のプレーを見たらすぐわかることがよくあります。しかし、一流選手を見て失敗することがあります。それは、自分にはできないと思い込んでしまうことです。一流選手も最初から上手であったわけではありません。多くの努力と研究があってはじめてできるのでしょう。だから、プレーとともにどんな練習をしているのかを思い浮かべながら学ぶべきでしょう。

素人からも学ぶべき点はたくさんあります。技術的に劣るならばそれをカバーするためにどのようなことを心がけているのか、どうすれば対等以上に戦えるのかは素人からでも学べますし、失敗しても夢中になってボールを追いかけ、パートナーと励ましあってプレーする姿にも共感をもてます。

幼い子供がお母さんに叱られるまで夢中になって遊んでいる姿にも学ぶところがあるのです。夢中になることは素晴らしいことですよね。年を重ねるとこれがなかなかできなくなってきます。悲しいことです。子供たちの夢中になっているときの集中力はものすごいものです。目もきらきらと輝いていますからね。このきらきらと輝く目は、お金では買えないものでしょう。

　調子の悪い人や、思い通りにいかなくて悩んでいる人は、一度鏡を見てください。目は輝いていますか？一流選手からのアドバイスにしか耳を傾けることができない人ほど、悩むものですよ。前向きに、貪欲に吸収しようと思っている人は、相手を選びません。素人や、子供たちからでも、がつがつと吸収していくのです。吸収してから、自分でいるものといらないものとを整理していけばいいのです。素直な目で見渡せば、いろんなところに自分を変えるためのヒントが隠されているのに気がつくものです。

29　一般論と逆転論

一般論とは普通の考え方でしょうね。しかし、ここが落とし穴なのです。その考え方が、普通の人が考える意味での一般論なのか、チャンピオンとなるための一般論なのかということの違いは非常に大きいと思います。普通の人の発想を、多くの人の発想とするならば、考え方によっては、それは、２回戦で負けている人たちの発想です。トーナメントで言うと、ほぼ半数は２回戦で姿を消しているのですから。３回戦、４回戦、準決勝と勝ち進むにつれて、そこに残ってくる選手の数は減って、チャンピオンは、勝ち残った１チームだけになるのです。ということは、チャンピオンの持っている考え方というのは、一般論とはいえないのです。特殊論になるのでしょう。ですから、一般論を考えるということは、多くの敗者が取る行動パターンを考えるということでしょう。このことを理解して、状況に応じて、うまく利用できるチームが勝っていくのでしょうね。多くの選手がとる行動をランク別にして、どのランクでの一般論なのかを整理してみることも大切です。

では、チャンピオンの一般論とはどのようなものなのでしょうか？　非常に興味あることですね。このことに関しては表現できません。一般論の逆を考えればいいのではないからです。違った表現をすれば、超越しています。裏の裏の裏を考える？その裏は？とんでもない！そんなことも超越したものを感じます。動じません。どのような状態になっても、困難を打ち破っていく強い意志と自信があるから動じません。ここでは、それ以上は必要ないと考えます。いえることは、いわゆる一般論とは、それだけを身につけてしまうと、特色のないものになり、勝てなくなるということです。チャンピオンを目指すのなら、チャンピオンが持つ一般論を身につけていくべきだと思います。

したがって逆転論というものも実は存在しないと考えます。ある次元での一般論では、こうしてくる。だからその逆を考える、というのも賢いかもしれません。しかし、もっと上の次元からすれば、そのことも一般論であるのです。ですから逆転論を教えたから勝てるというものではないのです。ソフトテニスは経験のスポーツだとよく言われます。多くの経験からその選手のレベルに応じて対応できるようデータを蓄積していくべきだろうと思います。最後にはチャンピオンとして超越できるように努力してください。

本来、逆転論というのは、パラドックスとも言いますが、失敗を失敗として放置するのではなく、プラスの結果に結びつけていくような発想をいいます。歴史の中にもたくさんのパラドックスがあると思います。たとえば第２次世界大戦がそうでしょう。この戦は、日本の戦争責任がいまなお叫ばれています。敗戦国が悪く言われるのは仕方がありません。確かにアジアの国々にも多くの犠牲者を出し迷惑をかけました。しかし、当然日本人にもたくさんの犠牲者が出たのです。日本は空襲で多くの町を焼かれ、広島と長崎に原爆を落とされました。これらの失敗で、日本はもう立ち直れないくらい叩きのめされたはずだったのです。しかし、その後の日本の繁栄はどうでしょう？　まさしく世界の７不思議のような復活を見せ、今日にいたりました。日本だけではありません。それまで欧米の植民地であったアジアの国々も次々に独立し、主権国家として自立したことも事実です。欧米は逆に勝ったはずなのですが、アジアでの利権をほとんど失ってしまったのです。このようにマイナスからプラスに変える考え方を逆転論というのです。

このようなことを書くと、歴史認識が違うと言われるかもしれませんが、発想の問題を取り上げているだけですので、ご容赦ください。いずれにせよ、物事を一面からだけで捉えようとすると、おうおうにして失敗します。また、短時間で考えることも、本質を見失ってしまうことが多いようです。マイナスをプラスに転換させる、逆境をチャンスに変える、このことも訓練によって身につけるよう努力すべきだと思います。

30　適応機制について

心理学でこんな例があります。腹を減らした狐が森でうまそうなぶどうを見つけました。狐は甘い香りに誘われて手をのばしますが、届きません。必死になってジャンプするのですが、あと少しが届かないのです。狐は余計に腹を減らしてしまいました。ついにあきらめた狐は、恨めしそうにぶどうを見ながら言ったそうです。「どうせあのぶどうはすっぱいんだ。食べていたら、おなかをこわしていたに違いない。手が届かなくてよかった」。これは、「すっぱいぶどうの論理」といって、かなえられなかった願望・欲求に対して湧き起こるフラストレーションを解消する方法で、適応機制の一つです。負け惜しみであり、自分への慰めですよね。

ではこれはどうでしょうか？　失恋をした少女が、その悲しみをばねに文学に目覚め、小説を書き上げた。自分の悲しい体験が、エネルギーとなり、その小説をいっそう素晴らしい作品に仕上げました。このような行動もやはり適応機制の一つで、昇華と言います。

憧れの選手と同じユニフォームを着たりヘアースタイルを真似てみたりして同じ雰囲気を体験しようとするのは、投射といいます。

自分や相手の行動がどのようにして発生しているかを知るためには、どのような欲求や欲求不満をもっているかを知っておく必要があります。またそれがプラスに作用しているのかマイナスに作用しているかも判断することが大切なのでしょう。

適応機制に関しては、保健の先生や社会の先生に聞いて、もっと知識を増やしてください。使えることがたくさんありますよ。

31　相手の得意コースを狙う

あのボールで試合が決まったと、よく言われます。それが、偶然ならしかたがないのでしょうが、相手の得意ボールであるならば、相手が素晴らしいのではなく、それを狙っていなかった自分たちに責任があります。前衛が狙うべきボールは、相手の得意ボールです。できうるならば、そのボールを打たせないで勝つことが理想でしょう。得意ボールをどんどん打たれている状態では、まず勝ち目はありません。相手に、そのボールを狙っているということを意識させる、ポジション取りやモーションは大切だと思います。全部追いかける必要はありません。いかに打たせないかを研究してもらいたいと思います。

多くの後衛は、正クロスに絞るボールを得意にしています。ハードヒッターは特にそうです。単にクロスをポーチに行くのでなく、クロスに絞るボールに、ポーチのタイミングをはかりましょう。この行動を基準にして、次第に自分達中心にゲームを組み立てるのも味のあることです。

「流し」を得意としている選手もいますよ。そういう選手は先に流すためのボールを打ってきます。クロスに先に打っておいてそのクロスに注意をひきつけておいて流せるスペースを作りたがるものです。センターへ流し気味にうちたがるのも傾向でしょう。フェイスを開いて打球するため、相手をよく見て打ちますから縦への変化も多く使います。どのボールを中心に幅を広げようとしているのかも見極めなければなりません。だいたいは2コースをワンセットにして考える傾向が強いので注意してください。センターに打つと見せかけて逆クロス、逆クロスのシュートと見せかけて中ロブ、正クロスと見せかけてストレートなどでしょう。センターに打ってそれは次に逆クロスに流したいから、左ストレートに打ってそれは逆クロスに展開したいからなどと考えるのです。

クロスに得意球を持っている選手の打点は体の前になりやすく、フェイスが閉じやすい。したがって、前衛としたらスタートも早目に取らなければ届きません。流しを得意とする選手はフェイスが開きやすく打点も右足に近くなりますからよく見てうちます。したがって、あわてて動くと、ほとんどがかわされます。タメを作って、またはリズムを遅らせて間合いをはかることが大切でしょう。

前衛にとって、一番厄介な後衛はというと、同じコースに２種類、３種類打ち分けてくる後衛です。逆クロスを例にあげると、長いコースと短くサイドラインへの打ち分け、そして、中ロブです。同じコースの中で、このように打ち分けられると、前衛としては何にしぼっていいのかわからなくなります。ぜひ後衛の方々には、身につけてもらいたいですね。

比較的、このような打ち分けができる後衛は、なかなかコースを変えません。そのコースに自信があるからでしょう。前衛がばたばたと追いかけすぎると、自分の後衛が打ちづらくなり、ミスが多くなり、また、無茶な勝負をかけてしまうことも多いようです。

32　ゾーンとマンツーマン

バスケットの用語ですよね。テニスでもやっているのですよ。ディフェンスはゾーンディフェンス、前衛のポーチはマンツーマンでのカットプレーですよ。違う形でテニスを考えてみると面白いことはたくさんあると思います。ゾーンディフェンスの時は「がに股」でオープンスタンスが基本だと思います。マンツーマンではフェイントをかけたりすることや速い球を打ってどんどんプレッシャーをかけていくべきでしょう。

33　ハードアイとソフトアイ

乱打や一本打ちでは、バンバン相手コートに強打を打ち込み、とてもかなわないと思う相手でも、はじめに積極的に仕掛けたり、プレッシャーをかけてやると、モーションだけで勝てたりすることがあります。自滅していく選手の多くは、練習を繰り返しても同じ誤りを繰り返します。どうして力が発揮できないのでしょう。単に精神力が弱いからという問題ではないように思えます。

監督の先生方は、選手がミスを連発したり、連続ポイントされたりすると「ボールをよく見ろ！」「しっかり相手を見ろ！！」「集中しろ！！」とか言われるだろうと思います。逆に選手が、固くなってどうにもならなくなってしまうことがあると思います。しかし、このような状況も、考え方をしっかり持てば練習によって十分克服できると思います。

要するに、「集中する」という言葉の意味を、日頃から、よく理解して練習することが大切なのです。集中して見た

（得た）情報をいかに分析し、行動に移せるかは何事においても重要なポイントであります。つまり、いかに行動に移すための情報を、より多く、より素早く集めることができるかが、次に取るべき自分の行動の正確さを高めるのです。私たちは、一般に物を見るとき、その物だけを見ているわけではありません。目には、焦点にあるものとその周りが同時に映っているはずです。焦点にあるものをハードアイといい、その周辺の映像をソフトアイといいます。強い選手は、このうちのソフトアイが発達しており、上にあげたような自滅型の選手はソフトアイからの情報が少ないため周りの状況が把握できず、まさしく目に見えないプレッシャーに自分をうまくコントロールできなくなるのでしょう。

「集中しろ！」という言葉の本当の意味は、「ソフトアイからの情報を分析して行動に移しなさい」ということなのでしょう。ハードアイに神経が偏って「ボールだけを見る」状態では、予測が自己中心的になりがちで、どうしても、一か八かになっていくはずです。このような開き直った勝負も、時には必要ですが、状況に応じた判断・行動には至らないはずです。調子の浮き沈みの激しい選手となるのは目に見えています。瞬間的なプレッシャーがかかる中、伸び伸びとプレーするには、より多くの情報を持った中で、次に起こりえる場面を予測し、行動できるということが大切だと思います。ソフトアイに注意が払われることにより、より多くの情報を集め、状況に応じた予測をし、正確な判断が生まれる。思い切りのよいスイング、冴えた勘、とっさの変化、これらは練習の中で正しいプロセスを繰り返すことによって生まれるのです。

そして、さらに多くの経験により、より確かな判断力と決断力が、一瞬のプレーにつながる能力を身につけ、周りを驚かせるのです。この訓練は、できるだけ早い時期からおこなわれることが望ましいと思われます。自然に身についている人もいますが、意識すること、そして繰り返すことによってより確かなものになるはずです。

思わず「うまい！」と声をあげるようなプレーをした中学生に、「どうしてあのプレーをしたの？」と聞くと、平気な顔をして「見えたから」と答えたことがあります。一瞬のことでしたから中学生には見えるわけがないと思うのですが、彼にはちゃんと見えていたし、予測も同時にしていたのでしょう。彼のいう「見えた」はソフトアイに映った情報に違いありません。そして、その情報から予測し、判断・行動とつながったプレーは、本当に素晴らしいものでした。

34 ラリーの３球目は、前衛はポーチに出てはダメ

前衛はラリーの奇数で勝負すべきだとはよく言われますが、心理的に見ても、何本も同じコースにボールを打つことは、相当なプレッシャーがかかるものです。ですから、後衛の心理として同じコースに三本も連続して打つということは大変勇気のいることなのです。このことは以前から言われていることですから、常識です。

だから、ラリーの三本目はポーチに出てはダメです。べつにポーチに出れば１００％抜かれます、といっている訳ではありません。コースを変えたがっている相手に対して、前衛が動くことがマイナスであって、その確率が高いといっているのです。確かに、気の強い選手やプライドの高い選手などは積極的にクロスへ打ち込んできます。相手より先に、コースを変えることは、後衛にとってのプライドが許さないのでしょうね。ここは後衛の意地の張り合いをしているのですから、前衛としてはほうっておきましょう。

そういう観点から、結果をみてからでもいいのではない

ですか。自分の後衛がミスをした場合は、あまりムキにならないようにアドバイスしましょう。相手がコースを変えたのなら後衛をたたえてあげましょう。ただそのあと、力ずくで相手をねじ伏せようとしないようにアドバイスしましょう。

後衛が打ち勝ち、相手がコースを変えてきたと考えた時、後衛の心理としては「よーし」という感情が湧いてきます。こんな時、前衛は、ポーチに出ようか守ろうかなんて迷っていると、いきなりのボールに対応できません。自分の後衛が打ち勝ったのに、前衛がサイドを抜かれたり、ミスをしてしまうと、それは単に前衛のミスでは済まされません。そんな時は、後衛の顔を見ることができません。その後のプレーにも大きな影響を残します。だから、私の場合、このような状況になったら、ポーチには全く無関心になってしまいます。ポーチに出て決まれば派手なプレーになりますが、反対のケースでのリスクが大きいのですから。

さらに、付け加えますと、このときの相手後衛のボールはなかなか厳しいというのも事実です。極端でもあります。完全な死に球もあれば、サイドラインに厳しく飛んでくることもあるのです。なぜならばプライドがかかっているコースでの意地の張り合いであるわけですから、簡単には参ったとは言いません。柔道では「指導」の対象とされている『**掛け逃げ**』のタイミングもコースを変える瞬間に、相手後衛ははかっているからです。このボールが意外に厳しいのです。フェイスを開き打点を遅らせてストレートに打ち、同時にフォローに走ります。相手も前衛がポーチに出たから抜いたのではなく、どちらかというと前衛に取らせてフォローすることで、コースを変えたことに対しての体裁を整えようと本能的に思うのです。相手が出て、抜ければラッキー、ミスをしてくれれば儲け物です。前衛としたらこんな割に合わないボールはありません。

だから、私は余計な駆け引きはあまりしないようにしています。後衛はこのような『掛け逃げ』をよくします。ラリーが長くなればなるほど同時にそのタイミングも**はかっている**ことが多いのです。前衛は、このようなことを踏まえて、更に相手後衛よりも優位に立つための方策、考え方をもつべきだと思います。案外、派手に決めることに意識が偏り、このようなボールに前衛が対応できていないというか、意識がないのが現状です。

35　２本・３本の連続性

テニスは、１ポイントずつ取り合えば、永遠に終わらないスポーツです。ですから、どこかで２本なり、３本の連続ポイントが必要となります。特に**カウントによる勝負**をパートナー同士が理解しあってお互いの役割をしっかりと行うことが大切です。しかし、ゲームの中ではカウント勝負だけに頼ることはできません。そこで大切なことは**前のポイントによる作戦**です。前のポイントがどのようにして終わったかが、次のポイントへの布石となるのです。

つまり、前のポイントが、相手のミスであった場合は、次のポイントで攻めることが大切だと考えるのです。相手が、ミスしたからそれを修正しようとするのは本能的な行為だからです。ただし、あくまでもその確率が高いだけであって１００％はありえませんから、その確率を高めるための行動や予測はやはり大切でしょう。

36　武器とよろいを身につけよ

いくらスポーツだといっても、お互い目標を持ってそれを達成したいという願望をいだいてゲームをしている以上、成功もすれば失敗もします。失敗した時、そのことをいつまでもこだわり、くよくよしていると前へは進めません。

こだわることの大切さは確かにあります。しかし、そのことが、今、必要かどうかが問題であり、もっと「大事」があり、「小事」は棄てて大事のために、傷つきながらでも前へ進むことも大切な勇気なのです。

流れに押し流されそうになることもあります。しっかりと踏ん張って前進するための体力も鍛えなければなりません。武器となる技術を磨かねばなりません。そして、何よりも自分自身をコントロールし、どんな困難にも立ち向かおうとする、強い意志、精神力を養わなければなりません。

肉を切らせて骨を断つ、骨を切らせて命を断つとはまさしく戦いに勝つための壮絶な精神の大切さを表現している言葉だと思います。

37　カウントでの考え方

ここにあげるものは、カウントでの後衛の考え方の一例です。あくまで例ですが、ここという場面では効果的だと思います。やはり、繰り返し練習する中で自分達の形にできるよう心がけてください。この項は、松蔭女子大学の表先生の研究の成果だとお聞きしております。結果だけでなく、なぜそう考えるかを私なりに解釈させていただきました。

1．並行カウントの時は、相手と同じ種類のボールを返球するのがよい

相手がシュートを打てばシュート、ロビングを打てばロビングを意識するのです。ただし、いつでもコースを変えることができるように注意を払うべきです。できるだけ相手に仕掛けさせるべきでしょう。相手に無理をさせることや、極端に丁寧にさせることは、次のポイントにも影響してきますからね。

2. 1ポイントリードした時は、相手と違うボールを返球するのがよい

1ポイントリードしたら、2本引き離しましょう。連続ポイントを取りに行くのです。明らかに前衛が狙える状態であるならば、早い時期に前衛が動きやすいボールを返すことを意識すべきですが、そうでない場合は、相手の心理面をうまく利用して、ポイントに結び付けていくべきです。単調な打ち合いは避けましょう。シュートがきたらロビングを、ロビングがきたらシュートを打って対応してください。せっかく打ったのにかわされるし、様子を見ようと思ったら先に攻められる、という心理を相手に持たせるべきです。相手前衛は挽回したいから、動きたがっています。後衛もそれを期待しているケースが多いですから、同じコースのラリーであっても、高さをつけたりして、相手前衛の心理を探りながらチャンスを見出すべきです。また、中ロブを使った攻撃も効果的だと思います。

3. 2ポイントリードしたら、2ポイントとも勝負をかけるほうがよい

1ポイント差と2ポイント差に関する考え方の違いですが、1ポイント差はテニスでは対等と考えるし、2ポイント差は流れが必要だと考えます。このことを頭に入れてい

ろんな角度からとらえることは面白いし、勝負どころを見極めるうえで大切なことだと思えます。たとえば２－０リードの場合は、次のポイントが勝負と積極的にのぞむことが大切です。リードしているからこそ勝負です。

せっかく流れを作って２ポイントの差を作っても、次のポイントを失えば１ポイント差になって対等になると思うよりは、流れを意識してのっていくぞ、もう一丁！という姿勢でのぞむべきです。リードしているからこそ攻めることが大切なのです。このゲームがとられることがあるのは、このあと４ポイント連取されたときしかないのですよ。デュースの時もありますが、そんなこと考える必要はありません。３本連続抜かれても負けてはいないのですから攻めましょう。

4. 1ポイントリードされたら、辛抱して同じ種類のボールを返球するのがよい

これも相手の心理を考えての作戦です。大事なのは、１、２球目です。いわゆる「入り」のボールですが、このとき相手は、パターンで取りたがります。仕掛けてくるのは、この「入り」の部分です。ですから、単純に決め打ちしないことが大切です。ラリーになってからは、あいだに変化を含めたとしても、同じ種類のボールで押したほうがいいでしょう。一つはリードされている状態で、あれこれ迷っ

ていては、自滅しやすいからです。「これしかない！」という心理が強いこともたくさんあるのです。

5. 2ポイントリードされたら、2ポイント徹底して守るほうがよい

消極的になれというのではありません。2ポイント離された状況自体、流れがやや傾き始めているのですから、ここは、辛抱の時です。あせりの行動で、大きな流れを作ってしまって、取り返しのつかない状況にしてしまうことを考えれば、無理はできません。1本狙いよりも、ゾーンを意識して、徹底したディフェンスができるようにしてください。

しかし、実際は、開き直って攻めるほうが、結果が出ることもよくあります。なぜなら、徹底したディフェンスの練習が確立されていないケースが多く、どうしても消極的になってしまうからです。結果、開き直って、連続性をもって攻めてもよい、ということになります。つまり積極性を重視するわけです。この場合、リスクも大きいということも認識すべきです。

6. 0－3の考え方

0－3の時は、ピンチですが逆にチャンスだと考えるのです。とられてもともとという気持ちで開き直って連続ポ

イントを狙いにいくべきです。大きな流れをかえられるチャンスだということを意識してプレーすべきでしょう。だいたいが、相手はリードして安心しているのです。楽して勝ちたいという気を起こすものですから隙はたくさんあるものです。前衛が、「このゲーム、あきらめていないぞ！」というパフォーマンスを見せて、後衛を励ますように派手なプレーをしてもいいのではないですか。

7.取ったり取られたり……デュースが続いている時

長いデュースが続いてどちらにも決め手がない場合は、開き直って、相手に**勝負を預けて**はいかがですか。一番いい球を打ってすっきり終わらせたい！という気持ちはわかります。しかし、すっきりしたいという心理状態こそが、いらいらした自分を映し出しているのですよ。だから、当然、リラックスしたプレーができていないのですから、ミスも多くなってしまうものです。こういう時は、相手も同じ状況ですから、相手に「預ける」べきなのです。そういう心のゆとりが未知なる世界へと自分を導くのです。勝負を相手に預けるということも、ソフトテニスの醍醐味だと思います。

38 相手の目の動きから予測するということ

前衛の役割で、「ポジション取り」というのがあります。

派手なプレーはなくともレシーブミスがないことと、「ポジション取り」がうまいことは、それだけでいい前衛と呼ばれる条件でもあります。「ポジション取り」がうまいということは、相手の後衛が打球する時、打ちたいコースに入られそうで気になるということです。単に、「ポジション取り」が速いということだけではなく、そのタイミングや場所にもかかわってきます。

前を向いている前衛が、いち早く自分の後衛が打つボールのコース、シュートかロブか等を判断することは、ポジションをとるうえで何よりも大切なことです。ボールが見えてから、つまり、自分の後衛の打ったボールがネットを越えてから次のポジションを取ろうとしても、遅すぎます。ワンバウンドした時、すでにポジションが取れている状態にするには、後衛が打球してネットを越すまでの間に、次のポジションを判断する必要があります。ボールが見えない時に次のポジションを判断できる材料を探すのです。

その材料となるのが相手前衛の目なのです。相手前衛は当然自分の後衛の打ったボールを見ているわけですから、彼が見ている方向にボールが飛んでいるのです。その目の動きを観察することによって、次の自分の行動の準備ができるわけです。カンではなく情報の収集が早くできるから次のボールへの対応が早くなるのです。

39　パターンを覚える

パターンというのは、何種類もあります。ゲームのある局面をストップさせ、その局面から繰り返しコンビネーションも含めゲーム形式を行うのです。パターンは、その局面からの対応をスムーズにさせるための練習であり、ペアのコンビネーションを確認するうえでも大切だと思います。

しかし、パターンというものをどのように考えるかは、それぞれ違いが出てくるものです。特に指導者によってもその性格がよくわかってきます。パターン練習を２つに分けてみると、一つはポイントを狙うためのパターン（**オフェンス系**）と、もう一つはセオリーを覚えるための約束練習としてのパターン（**ディフェンス系**）に分かれてくると思います。

多くの指導者は前者をパターンとして教える傾向がありますが、ゲームにおける７～８割は、後者だということを認識してください。したがって、練習中に多く取り入れるべきはディフェンス系のパターン練習だと思うのです。ただし、ディフェンス系といっても当然オフェンスの練習も含まれます。しかし、あくまでも目的が違いますから、約束としてのオフェンスであって、ポイントを決めたことに重点をおくのではなく、次のボールに対する陣形やポジション、相手の攻撃に対する対応、いかにすれば二人でコートをカバーリングできるのか、そして、いかにして相手の陣形を崩し、狙いを持って対応すべきなのか、などを確認しながら練習を繰り返すことが大切だと思います。いかにして守り抜くかを重視するのがディフェンス系のパターン練習です。

取る練習はするが、取られない練習は案外、「しない」のではないですか。このようなパターンを身につけることによって、はじめて、総合的にゲームが成立するのです。この型なしにオフェンス系ばかりを教えると、前衛は、何でもかんでもポーチに出なければなりません。これでは、小さな状況の変化に対応できず、逆襲を簡単に受けてしまい、ゲームをかき回してしまうことになるでしょう。たとえば、相手後衛が回り込んだらクロスへポーチに出る事を教えると、何でもかんでもポーチに行ってしまう選手がいます。はじめは相手の警戒心が薄いため成功するのですが、大切な場面ではほとんどがはずされ、逆襲を許してしまいます。オフェンス系のパターンをはじめに身につけさせると、ほとんどの選手は、そのパターンに頼りがちになりますから、状況を無視した攻撃に頼るようになるのです。結果は、「競る」のははじめのうちだけで、後は自滅していくことが多いようです。

『守りながら攻める』ということを意識したパターン練習を心がけて欲しいと思います。

剣には攻めと守りがあり、次第にその攻防を一体としていくところに修業の眼目があるといいます。受けをとっていても腹の底には常に攻めの心が息づいている……。

40『　又新　』

紀元前16世紀頃、中国に殷という国があった。

その殷を開いた湯王は顔を洗うタライに自分への戒めとして『**まことに日に新たに、日々に新たに、又日に新たなり**』という言葉をはりつけた。湯王は毎朝手と顔を洗うように、自分の心を洗い清め、日々心を新たに生きようとした。

大切なのは、日々それを自分に言い聞かせたことであろう。

41 このミスや取られたことはファイナルで生きてくるということ

よく試合で最後に打つコースがなくなったとか、得意ボールを打たずに負けてしまって後悔するという選手がいます。

特にファイナルになった時に、自分の得意ボールを打てる選手は強いと思います。競っている時、得意ボールを打てるということは理想的でしょう。それが、打てなくなるのは心理面の働きが大きいようです。大事な時に打とうという意識が強いと、まだ使う「場面」ではない、という意識が働いて、逆の事をしてしまう選手が多くいます。いいところで使えれば効果的ですが、なかなかそうはうまくいきません。多くはピンチになってから、使わないといけないから使うのです。そして、ピンチになってから使おうとするからプレッシャーもあり、また相手も警戒してくるからミスや相手に取られたりしてしまう。またそのことを嫌がって違うボールを打とうとする。これでは試合が終わってしまいます。

自分は得意ボ－ルを打って勝つんだ、ということが前提ならば、その得意ボールを打つための「布石」をそれ以前に打っておくことが大切です。だから、発想的にあれがだめだったからこれ、これが失敗したからなにをする、という発想を持つのではなく、この一本のミスが後々、有効になるのだという積極的な発想を持つべきなのです。得意ボールでファイナルを戦いたいから、いまはあえてこのボールを打つ。とられてもこのボールを意識させることで、その後の試合がやりやすくなるのだ、という発想は、ファイナルゲームを粘り強く戦うための大切な考え方なのです。

42 稽古は強かれ　情識は無かれ（風姿花伝　問答条々　その五）

「文武両道」においては、文よりも武が優先されるべきであろう。

武を心・技・体という面からとらえると、特に心を鍛えることによりその効力は倍増し、その価値観はより高められる。この心を鍛えるとは、自己にとらわれず、自分に備わっていないさまざまなことを受け入れる寛容力を身につける事であり、それは「無の境地」の体得であるともいえよう。「無の境地」を体得することにより、かぎりなくエネルギーを吸収できるのであろう。つまり武を身につけることにより文を修得できるのである。

情識とは、客観性の無い思い込みという意味で解釈すべきであり、自分の浅はかな思慮であるわけだから、そんなちっぽけな自分にとらわれていては、いくらきびしい修行をしても一流にはなれない、ということである。

思い込みが、成長を著しく阻害する。新しい何かを吸収する時は、自分自身が何よりも受け入れる体制をひろげておくべきだ。何も知らない子供達の方が、より多くのことを吸収していく。その姿から我々は、もっと学ぶべきであろう。

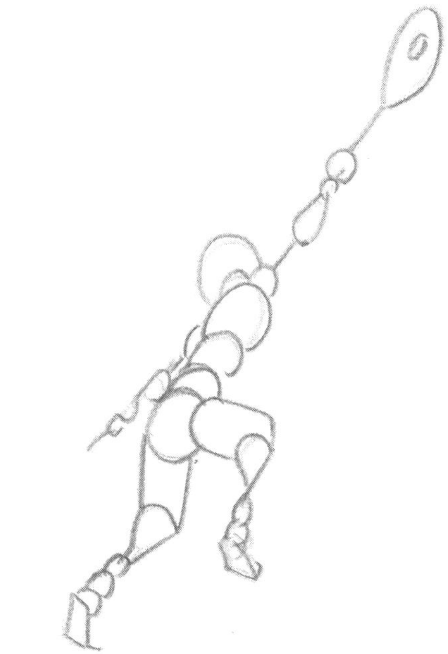

43 『目を鍛えよ！』

プレーヤーが動き（アクション）をとるタイミングは様々ですが、特にネットに近づけば近づくほど相手との距離は短くなりますから、「その瞬間」を見極めなければなりません。プレッシャーがかかる場面です。その点ベースラインプレーヤーにはわずかに余裕があろうかと思えます。

そのタイミングは、以前は相手選手がテイクバックしたラケットが動き出すタイミングをアクションを始めるタイミングとしていましたが、これはそうとも言えません。なぜならば、以前はテイクバック時にラケットを止める選手がほとんどであり、「テイクバックを早く行い、しっかりと構えて打つ！」が基本とされていたのが、最近では例えば船水選手もそうですが、ボールとのタイミングの中でラケットを回しながら打球する選手が出てきたからです。これではアクションを行うタイミングがずれてしまいます。タイミングを外すとネットプレーヤーはミスを多くするだけでなく、思考も停止してしまいがちですから、存在感が半減してしまうでしょう。プロ野球の選手でも剛速球にタイミングを合わせたところに緩いカーブやフォークボールを投げられると、なんでそんな簡単に三振するの？というくらいスイングは空を切ります。いわゆる投球フォームに惑わされる状態ですね。したがって、単純にテイクバックしたラケットの動きに注目していてはついていけないということになります。

当然ベースラインプレーヤーも、そんなことには気がついています。ネットプレーヤーが練習での単純なアクションを身につけていることは誰もが知っていると考えるべきでしょう。何となくタイミングだけで「動いてしまう」ことや意図的に「アクションを取らされている」のですよ。不注意に動いてしまう習慣を身につけるからです。

要注意ですね！気づいているベースラインプレーヤーの狙い目がここにあると知るべきです。相手は、そう「そのタイミング」で仕掛けてきます。ライジングで先を通したり、逆を狙ったり、透かしたり、懐を狙ったりですね。逆モーションになるのはたまたまではありません。狙われているのです。

では、何を見るのでしょうね。いずれにせよ相手は基本的にワンバウンドしたボールを打球することが前提ですから、ワンバウンドしたところから打球する、いわゆる打点までの間でしょう。日ごろの練習では、打球する選手がボールを手から離して打球するまでの「時間」がアクション開始のタイミングになります。その間０．４秒と言われ、瞬き２回分くらいだそうです。ネットプレーヤーはこの０．４秒のタイミングを覚えなければなりません。しかも、このタイミングでのアクションがイメージしたプレーにつながることが条件です。あくまでもアクションスタートのタイミングであり、そこからその後のクロスポーチボレー等につながるという前提ですね。

０．４秒は、いかがですか？慣れると実は案外余裕があるものですよ。もっと余裕をもってこの時間を使うには、予測が大切になります。準備ですね。または予測が外れると修正も可能になります。つまりワンバウンドする前に予測を行い、バウンドした時点では決断・行動、決断・修正が行われなければなりません。もっと言えば、自分のペアの打球音やコース、長さやスピードによって先のイメージが湧くようになれば、さらに準備はできてくるでしょうね。

わずかな時間です。ですから、「その瞬間を逃さない！」眼を養うべきなのです。

練習は、目を養う場所でもあるでしょう。0.4秒に集中する！は単にタイミングを計るということではありませんね。

『目を養う』ことは大切です。達磨大師の様に物事の本質まで見抜く力までも修得できればいうことはありません。現実離れしているように思えますが、日々の繰り返しである練習の場で繰り返される行動に一つでも二つでも様々なイメージを付加することが可能であれば、やってみる価値は十分にあります。「修得」とは鍛錬の繰り返しの結果だと考えましょう。

具体的に『何をどうすれば』はそれぞれが考えるべきです。『何か』をつかむ喜びは教えられるものでも教えてもらうものでもありません。自らが体験するものです。だからこそ、日々の練習がわくわくするのです。

言えることは『目を鍛えなさい』です。

44　宮本武蔵『五輪書』より

敵が山と思えば海、海と思えば山と仕掛ける

まず、攻める！それが失敗した時、もう一度おなじ所を攻める。ここまではいい。しかし二度失敗したところをさらに攻めるのは愚かである。三度目は違ったところを攻めなければならない。ひとつの場所に心をとらわれていれば勝つことはできない。「**山海の心**」をもって立ち向かうべし。

岩尾（巌）の身

岩尾（巌）の身とは、動じないことであるが、頑固であるということではない。何がおきても動じないという意味である。肝心なのは、どんなに受け入れがたいものであっても、それが事実であるならば正しく認めること。そのような強く大きな心を養うことである。これができてはじめて困難な問題に立ち向かう精神と冷静で的確な対応が生まれるのだ。

苦しい状況になれば、その回復をめざして人は行動する

ものであるが、時として一度に多くの問題を背負ってしまうとパニックに陥る。あれもこれもと思うと余計に泥沼にはまってしまってどうしようもなくなる。自滅するパターンである。

原因は一度にすべての問題を解決しようとするからである。時機をじっと我慢づよく待ち続けることも大切だが、何もせず待ち続けるだけでなく、「**優先順位**」を見極めて一つずつ問題に対処することが大切である。

くずれを知るということ

まず崩す！体勢、姿勢、陣形、心の平常。いずれかを崩す。そこから攻める！これができれば、たいがいの人間は自分の思うがままに動かせる。

45 『丹《たん》 田《でん》』 ～精神を集中させる方法～

子　「父上はさっきの地震の時、皆が逃げ回っていたとき一人目を閉じて座っていました。地震が恐ろしくなかったのですか。」

父　「私も怖かったですよ。だから逃げていましたよ、ちゃんと。」

子　「いいえ、父上は目をとじて静かに座っていました。」

父　「……心の中の安全なところに逃げていたのです。地震がきても揺れない、静かなところが身体の中にありますから。」

子　「誰にでもそれはあるのですか？」

父　「はい誰にでも。探してみれば必ず見つかります。」

子　「……」

先生　「はっははは」「簡単に言ってしまえば、心を落ち着かせろってことだよ」

子　「……」「心ってどこにあるのですか？」

先生　「人間は、考える動物って言うくらいですから、脳にあるんじゃないかね。」

老人　「それはちがいますねえ」「心とは、ここにある、あそこにあるというものではございません。」

　　　「そしてまた、あそこにもある、ここにもあるというようなものでございまして……」

　　　「心は天地いっぱいでして……はい」

　　　「よろしい。新之助君にご指導いたしましょう。」

老人　「いいですか。頭でいくら落ち着こうと思っても駄目なんです。」

　　　「頭で思うと余計に落ち着かなくなります。」

　　　「すう――――……っと、下へ下へ意識を降ろしていくのです。」

　　　「この辺です、この辺。　おへその下三寸。」

　　　「集中してはいけませんよ。静に、ふう――ッと意識する――。」

　　　「ここを丹田と言うのです。」

　　　「ここに長く、静かに息を吹きかけるように吐いてください。」

子　　「すう――――……。」

老人　「胃袋も腸も心臓も腎臓も、ぜえ――んぶ忘れちゃってください。」

　　　「丹田だけ意識して、体を忘れてしまう。」

　　　「丹田以外はどこも意識しない。ここが体の中心。」

　　　「中心があるとほかをぜえ――んぶ緩めることがで

きます。」

子　「へそ下三寸に静かに意識を降ろす……」「……。」

老人「最初は難しいかもしれませんが、だんだん分かってきます。」

「お勉強の時も、お食事の時も、歩いている時も。いつもいつも意識しますと分かってきます。はっきりと、体の中心と言うものがね。」

「体の中心というより、天地いっぱいの中心ですねえ……。」

子　「天地いっぱいの中心かア……」

（ビッグコミックオリジナル『浮浪雲』より）

46　先人から学ぶ

私の勤務している高校は、狸の焼き物で有名な信楽にあります。町にはたくさんの窯元があり、それぞれの窯元が独自の焼き物を焼き、新しい作品に挑戦したり、また昔ながらの伝統を継承するために精進しています。信楽高校の中にもセラミック科があります。昔は窯業と呼んでいたのですが、セラミックの方が聞こえがよいようです。

テニスコートはグラウンドの向こう側にあり、活動が校舎からは見えず、生徒達の頑張りがわかりにくいのが残念なのですが、コートのすぐ横に民家があり、そこに２０年以上前からあいさつを交わすおじいさんが住んでおられます。もうすでに焼き物の世界からは引退されており、ご隠居の立場なのですが、年に数回お出会いしたときに話をしたりします。

今年も暖かい春の陽気に誘われるように散歩されていたところを見かけたので、「こんにちは」とあいさつをし、フェンス越しに少しお話をしました。普段は別段何の話をする目的もない世間話だったのですが、今回は少し違っていました。

いきなり勝負の話をおじいさんがし始めたので、普段にこやかに孫の話や焼き物の話をしてくれる印象があるので、驚いてしまいました。
「宮本武蔵はご存じですね。彼は一度も負けなかったのですが、何故でしょうね？」という会話です。

私も武蔵には高校時代から興味を持っており、吉川英治の「宮本武蔵」や「五輪書」を愛読してきました。いろいろな角度から武蔵を眺めることでさまざまな武蔵を思い浮かべることができます。武蔵が隠居してから記した剣の極意書「五輪書」から学ぶことはたくさんあると思っています。

しかし、おじいさんは「五輪書」には本当の極意は記されていないと言うのです。

焼き物の世界では、いくら自分の身内であっても自分で開発した「色」は伝えないと言います。釉薬《ゆうやく》の調合や燃焼温度・時間等は秘密なのです。弟子はなんとか師匠からその技を盗もうと努力します。だから、武蔵も一番大切なことを五輪書には記していないというのです。「秘すれば花」

は「花伝書」ですが、まさしく極意というものはその様なものであり、伝統はその様な中での血のにじむような努力によって受け継がれていくものなのかも知れません。

おじいさんは、その極意なるものを、ある剣道の師範であった方が遺言として残した言葉から教えていただいたというのです。

武蔵が戦いに負けなかったのは、彼が「無」の境地を極めたからだとおじいさんは言います。「無」の境地は修行そのものであり、雑念があれば「迷い」、その「迷い」は判断力を鈍らせる。「無」は何もない。つまり「空（から）」なのです。「空」だからこそ無限に受け容れることができ、自分という容器にこだわることなく吸収でき、また批判でさえ受け容れることもできるのです。全てを受け容れても溢れることもありません。

「空はある　空はない」という般若心経の言葉にもその極意がうかがえるとおじいさんは言います。「無」は「無限」であり全てであるからこそ「勝つ」「負ける」もないのです。つまり「負ける」ことなどないのです。

禅の世界での「とんち」ではなく、現実の世界で武蔵が何故負けなかったのかは、武蔵が修行の第一の目的としたのが「無」の境地の修得であったからだと言います。五輪書に書かれた「極意」だけではなく、厳しい修行によって体得した「無」の境地こそ「負けない」秘訣であるのです。

また武蔵は木刀で戦っており、何故木刀で真剣に勝てるのかということに関しても「迷いのある真剣よりも、迷いのない木刀が勝るのは当然」とも教えてくれました。

さて大切なのは簡単に「無」の境地を修得することが「負けない」秘訣であると言いましたが、そんなことは多くの方々が頭では分かっていることだと思います。分からないのは「じゃあ、何をどうすれば」という具体的な方法なのです。大会中偶然その様な状態になることはあります。「無欲の勝利」と表現しますが、そんなことを体験したとしても「何をどうしたから」という回答はありません。まさしくそれは「極意」であり、秘密なのかも知れませんね。最近ではメンタルトレーニングが開発普及してきましたから科学的にその様な状況を作り上げることが可能になってきたようですが、どうもお金がかかり私はしたことがありません。

さて、おじいさんはそのことを聞くと、目を輝かせて言いました。「そう、その極意の部分を教えてもらって、子どもや孫に教えたのですが、どうもわからないようで……孫は……」と、今度はお孫さんの話になってしまいました。一通りお孫さんの話を聞かされた後思い出したように「その極意とは、……」と話し始めてくれました。それは呼吸法だというのです。ソフトテニスの選手の中でも相手と呼吸を合わせることによって「乱れ」を読み取る選手がいます。「間合いを合わせる」ことの重要性も言われますが、おじいさんは、「鼻から大きく息を吸い、吸った空気の８を静かにはき出す。そして残り２で勝負」とつぶやきました。

信じるか信じないかはその人次第！「静かに吸った空気を８割放出したとき人は「無」の境地に入る」「後は訓練ですよ」

笑いながら手を振るおじいさんでしたが、私は何か貴重な話を聞かせてもらって、嬉しくてたまりませんでした。

47 『一寸の虫にも五分の魂』～「なにくそっ！」という負けじ魂を持て！

たとえば、高校生活の１年が終わろうとしている。この頃になると、そろそろ、いろんな挫折も経験してきたでしょうから、「こんなものか……」なんて思うようになってきます。

入学時の新鮮な気持ちも、大きな目標も、次第にしぼんでしまい、「こんなものかな」となり、何かしなければと思っても、根気がなくなり、踏ん張りがきかなくなってしまいます。一度こうなってしまったら大変です。いったんしぼんでしまった風船に、もう一度空気を入れ直すには、ちょっとした労力が必要になります。「こんなもの……」と悟ってしまうほど、人生は甘くはないし、つまらないものでもありません。また、人の可能性というものがそんなちっぽけなものであるはずがありません。たとえ、学力が思うように伸びなくて悩もうが、クラブ活動で結果が出なくて苦しもうが、多くの挫折を経験する中でも、君たちは常に可能性をもって生活しているのです。どんな時でも、可能性が消えてしまうことはありません。

しかし、この可能性はいつでも発揮できるものでもありませんから、可能性を引き出すにはエネルギーが要ります。このエネルギーの原動力が「なにくそっ！」という気持ちです。

「なにくそっ！」に理屈も何もありません。「なにくそっ！」は「なにくそっ！」なんです。
「このまま終わってたまるか！」が「なにくそっ！」なんです。
結果が出ないからといって、何もくさる事はありません。逆に結果が出ないからこそ、敗者であるからこそ「なにくそっ！」と思えるのです。「次こそは！」「なにくそっ！」は、敗者の特権だといえます。

人の成長曲線は、それぞれ違います。いつ急激に上昇気流に乗って飛躍するか、それはそれぞれ違うのです。いつか飛躍を想うならば、爆発的なエネルギーを自分自身に蓄えておいてください。
「なにくそっ！」

こつこつとやっていると、
いつかある時、飛躍するんだ。
人生に、楽して一攫千金はないよ。

48 攻撃的「中ロブ」に応じた前衛のポジションとステップ

ロビングで後衛が走らされた時、または、相手後衛を走らせたときの前衛のポジションは、基本的に、自分の後衛が走っている状態では、ポジションはそのまま変わらず、相手後衛が移動すれば、ポジションも変わる、ということです。相手後衛と自分のコートのセンターマークを結んだライン上がポジションになります。相手が移動した距離の半分ずつ、前衛も移動すればよい。つまり、相手後衛が２歩移動すれば１歩、４歩移動すれば2歩ポジションをずらすと正しいポジションを取ることができます。

しかし、実践で、速い中ロブを打った場合などは、ポジションにずれが生じてきます。

そして、ポジションの取り方や、足の運びなどにも変化が出てくると思うのです。私自身も長い間気がつかずに、無駄な動きをしていたことがありました。反省しているのですが、それは、ショートカットという発想と後ろへのステップという動きを取り入れるのが遅かったことです。

相手が移動すれば、自分も移動する、という発想でポジションを素早く取る。そしてロビングを予想してスマッシュを追いかける。この考え方は変わりませんが、一つはポジションがどこであるかということです。高いロビングの場合は、上に述べたとおりですが、速い中ロブの場合は、相手に構えて打つという余裕がないし、また、前衛自体いわゆる正しいポジション？を取ると対応する余裕がなくなります。したがって、この状況では正しいポジション？にこだわる必要もなくなるのです。そのポジションにこだわる必要がないのですから、前衛は、次に起こりうる状況を設定し、ポジションを取ることのほうが実践的であると思います。これが、**ショートカットという発想**です。

私達前衛が、日頃行っている練習は、正規のポジションからのプレーがほとんどです。したがって、スマッシュ練習では、ネットからクロスステップで素早く下がることを意識します。ここではグリップは問題にしませんが、足が平行になって、万歳するような下がり方は注意されるでしょう。でもよく考えると、このクロスステップはいったん一つの方向に動き出すと、途中で大きくコースを変更できないという欠点を持っています。微調整はできるのですが、ストレートに追いかけてからではクロスやセンターに狙いを変えることはできないのです。確かに、コースが合えば、ジャンプスマッシュも入れると相当深いところまで追いかけることができるというメリットもクロスステップにはありますから、しっかりと身につけていただきたい動きです。

しかし、先にも述べたとおり、相手がかろうじて返球するような状況ですから、何も1コースに的をしぼるような対応を取ることはありません。自分達に余裕があるのですから、多くのコースに対応できるポジションを取った方が合理的だといえます。つまり中間守備です。一旦、正しいポジションを取ったということをショートカットして、中間守備を取り、より多くのコースに対応できるようにすべきなのです。

ショートカットを使うと、同じ後ろへ下がるという動作が、スマッシュを追いかけるのではなく、ポジションを後ろに取るという意味を持ちますから、クロスステップではなく、**後ろへのサイドステップ（バックステップ）**になるのです。我々が若い頃はこんな動きを教えてくれた人はいませんでした。

ポジションは、相手後衛が走りながら打つ逆襲気味のシュートに対応できる場所です。このボールの意識を残した状態から、前衛オーバーのロブ、後衛前へのロブ、更にはネット際へのファジーなボール等に幅広く対応していくのです。

＊バックステップの効果

①相手に移動したことがわかりにくい
②ロブに対する牽制ができ、相手は中ロブが使いにくくなる
③クロスステップでの距離が短くなり、落下点に入りやすい
④逆襲に対して対応できる（ボレーへの切り返しは容易である）

前衛にとって、「中ロブ」への対応は大きなテーマです。時に女子には大きな脅威となります。「高速中ロブ」は大きな武器でもあります。したがってその対応もすべきですが、相当な身体能力が必要なのも事実でしょう。女子を指導される方は特に適性や能力を見極め、適切なアドバイスを心掛けてほしいところです。

49　こんな試合がありました

格上のＡチームに対してＢチームが積極的に攻めて１ゲーム目をとりました。２ゲーム目もＢチームがリードしたのですが、デュースの末落としてしまいました。それでもＢチームは非常に積極的に試合をしていました。３ゲーム目もリードをするのですが２本を離すことができません。逆にアドバンテージを取られたのですが、その時、逆クロスに浅めのチャンスボールがきました。前衛は無理をせずに後衛に任せました。すると後衛は思い切りよくストレートに前衛めがけてアタックをしたのです。Ａチームの前衛は何とかこれを返したのですが、Ｂチームの後衛がフォローできずにゲーム。指導者も応援も「平気！平気！ナイス思い切り！」と励ましていましたが、この後１ポイントも取れずに終わってしまいました……。

結果的に、『あの１本』ということになったわけですが、これは勝負どころを誤ったということになると思います。そのボールを打ったゲームカウントは、まだ、１－１です。まだ流れがどのように動くかわかりづらい状態だったと思うのです。実際に、そのゲームもリードしていたのですから、アドバンテージをとられたということは２本連続取られたところであって、流れとしては、まだ小さい流れだったわけで、この先どうなるかまだわからないのです。それを結果的に、小さな流れを大きな流れに自分からしてしまった、ということが問題なのでしょう。

何故この時、Ｂチームの後衛は高さをつけてみようとか、展開すること、もう１本ラリーすることを考えられなかったのでしょう？　確かに成功することもあると思いますよ。そんな可能性を全面否定する気はありませんが、もしアタックが決まっていたとしても、デュースアゲインでまだ並行カウントです。リードされている状態から考えれば、Ｂチームは３ポイント連続とらなければゲームを取れないのですから、ちょっとした力仕事になります。３ポイントは、流れであり、願わくば、１本は前衛に決めて欲しいし、２本目は相手の後衛にミスして欲しい、そして最後の３本は勢いで取りたい……というふうに考えるべきで、あの時のアタックが無謀に近いということがわかるはずです。

さてここで言いたいのは、Ｂチームが未熟だというのではありません。逆に、チャンスだよってことを言いたいのです。その選手をゲーム後呼び止め、話を聞いてみました。「おしかったね」というと、前半の健闘のほうが本人たちも印象的だったのか、ニコニコしていましたが、「さて、今の試合を次にいかすためにはどんな練習をすればいいんだろう？」と聞くと、「もっと思い切りよくアタックしてとられないよう練習します！」と元気よく答えてくれました。正直、「やっぱりそういう考え方なんだ」と思いました。誰にも取られないボールを身につければ確かに負けないでしょうね。全国大会だって優勝できます。しかし現実には不可能なことではないでしょうか。積極性は大切です。そのような姿勢で練習すれば、確かに一回は勝てるかもしれませんし、２回勝てるかもしれません。しかし、同じことを３回も４回も続けることができるでしょうか？　どこかで失敗することになります。結局、同じ負け方をするのでしょう。

チャンスだといったのは、このような経験をした後は、その選手のテニスに対する考え方が深まるということなのです。「もしも、あの時……」はダメだと否定することは簡単ですが、それでは選手は伸びません。せっかくのチャンスを見逃してはいけません。技術にとらわれずに**考え方を深めて**あげると、選手はもっと伸びるのです。程度の差はあるにしても、同じ結果に至ってしまうような努力はやりがいもありません。考え方を深めることで可能性を広げるようにアドバイスをすべきだと思います。まだ経験したことのない知らない世界への飛躍、チャンスだと思いませんか。

50 「あれもできる、これもできる」は負けパターン「これしかできない！」が強い時がある

「器用貧乏」という言葉があります。「あれもできる、これもできる」人は大成しないとよく言われます。それぞれが一流の技術であったとしても、どれもできるから、逆にここ一番、どれを使うか、どう使うかを迷ってしまい、迷うことによって、自分の力を発揮することができずに失敗してしまうのです。

不器用だけど、あることに関しては、絶対的な自信を持っている人がいます。そのような人は、時に、無類の強さを発揮します。手がつけられない強さです。これは、単に技術が優れているということを言いたいのではなく、「**迷わないことの強さ**」を言っているのです。「これしかできない！」だからこれに懸ける！単純明快。わかりきったことでも自信を持ってどんどん仕掛けてくる選手には、ある種の迫力があります。相手が逆に迷いだします。いったん迷うと、人間腰がひけます。腰がひけた相手は一気に崩れてしまうものです。後衛で、もくもくと相手後衛の前へしっかり打つ人がいます。前半、相手前衛によくポーチされて

いるのが、後半になると、しだいに取られなくなる。それどころか、相手前衛の動きが止まり、守りに入って、迷っている様子がはっきりしてくる。逆に、その後衛の球はのびのびと感じられ、有効打になる。その後衛の持ち味が発揮され、一方的に流れを呼び込むような展開になる。

前衛でも、ポーチ・誘い、ボレーにスマッシュ・ハイボレーとフォアでもバックでも何でもこなし、自由にプレーをする選手が、後半、何もできなくなるということをよく見かけます。動けなくなり、逆にそばを通されて終わってしまう……。一度リズムを崩してしまうと、すべてのプレーに影響してしまうのでしょう。

いろいろなプレーは状況に応じてできることが一番です。そのために、日頃から練習しているのですが、時として、何でもできるという気持ちが、自分を制約してしまう原因にもなることを覚えておくべきでしょう。

こんな話が、ある本に載っていました。残念ながらその本の著者や本の名前を覚えていません。メモした内容です。

「何でも知っている頭のいい人が幸せになるとは限らない。
経験を積んだら何でもうまくいくとも限らない。

頭がいいと先回りして、臆病にもなるし、経験を活かそうとすると、前例にとらわれる。だから、世の中、頭脳や経験に関係なく、うまくいくことが大分あります。知らないと言って何もできないどころか、知っているから何もできないことのほうがたくさんあるのです。勝手に作った常識にしばられて身動きできない自分から解放されたいものですね。」

何事にもとらわれない心を『**清浄心**』といいます。

51 ある歴史書に、次のようなことが書かれていた

オーウェン=バーフィールドという言語学者がいて、次のような言葉を残している。
『歴史というものは虹のようなものである。それは近くに寄ってくわしく見れば見えるというものではない』
さらにゲーテは、
『色彩は、その色を見る人間があって初めて成立する』という。

細かい研究は大切だろうが、とらわれていると全体の美しさはまるで見えない。一方、その美しさは美しさを感じる人があってはじめて美しいとされるのである。自分自身を振り返ってみると、巨大迷路の中で方向を見失っている気がします。自分本位で自分の価値観を人に押し付けてもいるでしょうね。

あれもこれもと考えるうちに本来の目的を見失ってしまうことはよくあることです。こんな文章を書いている私自身、全体が見渡せているかどうか自信がありません。

ボレーのことを考えていると夢中になってしまい、細かいことが気になり、ついつい全体を見失います。

ソフトテニスの素晴らしさ、楽しさを知っているのは、ひょっとして初めてラケットを握って、初めて思ったところへ飛んだ！と喜んでいる人かもしれません。机に向かっている私よりテニスコートで汗を流しているあなた方が全体や本質をつかんでいることでしょう。やっぱり一打することの喜びが原点であり、素朴な喜びを忘れてしまってはいけませんね。

52 『自分を制することのできない人は、自由の人と称することはできない。』（ピタゴラス）

『ピタゴラスの定理』で有名な彼は「数」を自然の根源（アルケー）とした。三角形の定理　Ａの二乗＋Ｂの二乗＝Ｃの二乗という定理を発見しました。誰だって彼は数学者だと考えてしまうでしょう。実は哲学者なのです。この定理を発見したのは紀元前６世紀頃のことですから、すごいですね。この頃は数学というものはまだ確立されておらず、真理を求める学問はすべて哲学と呼ばれていたのです。神話の世界から、自然科学の時代への移行期だったのです。

私は、現代でも、数学は理系でなく文系つまり哲学だと思うのです。帰納法にせよ、演繹法にせよ、理論の積み重ねにより結論を導き出したり、証明したりするわけです。言葉を記号にしただけなのです。ですから、文章を読むように数学も楽しめたらいいのにと、いつも思っています。

上にあげた言葉は、「自由」を愛する人にとっては大切な言葉です。最近「私の自由だから、ほっといて！」という言葉をよく聞きます。「本人の自由でしょ」・・・しかし、「自由」という言葉をこのような形で使うことに関して、間違っていると思います。なぜなら、「自由」とは、人間の求める最高の権利であり、人間を大きく成長させるための目標であるべきものなのです。ですから、自分の価値を下げるような使い方はすべきでないのです。「自分を制する人が真に自由人である」つまり、いろいろな困難にうち克ち、自分自身をうまくコントロールできる人こそが自由人といえるのです。嫌なことや、苦しいことから目をそらし、自分たちだけが楽しめればいいと思っている人を真の自由人とは言えません。自立・自律、そして周囲に対する思いやり。ソフトテニスを通して、さまざまなことを学ぶのであれば、勝利を求めるだけでなく、真の自由人を目指してください。中国の論語にも『克《こっ》己《き》復《ふく》礼《れい》』という言葉があります。

53 「日常の瑣事（さじ）」～忠臣蔵から学ぶこと～

１２月１４日といえば、毎年この日にテレビで放映されるのが赤穂浪士の討ち入りで有名な「忠臣蔵」です。映画やテレビの場合ほとんどが主人に忠実な武士の姿が映し出されますが、少し違った見方をして考えてみましょう。

「忠臣蔵」の起こりは、江戸時代、江戸城の松の廊下で吉良上野介（こうずけのすけ）の挑発にのってしまった播州赤穂藩主、浅野内匠頭（たくみのかみ）長矩（ながのり）が城内では抜いてはならない刀を抜いてしまい、吉良上野介を傷つけてしまったことから、浅野内匠頭は切腹、そしてお家おとりつぶしによって多くの家臣が浪人の身になるというところから始まります。

なぜ、長矩は絶対にしてはならないことをしてしまったのでしょう。一般に言われるのは、度重なる吉良上野介のいやがらせに堪忍袋の緒が切れた長矩がついに・・・という話です。そして、家臣である大石内蔵助（くらのすけ）らは殿の無念を晴らすべき、討ち入りを果たしたというのです。

しかし、事はそんな簡単な理由から生じたものではありません。そんなことが許されるのなら、嫁と姑の問題や先輩後輩の縦関係でのトラブルはほとんどが暴力で片がついてしまいます。もう少し原因を探っていく必要がそこにはあるのです。

赤穂藩、５万３千石の城主であった長矩は、父である長生が３３歳の若さでこの世を去ったため、９歳で父の跡を継ぐことになります。このことが彼の人生を大きく狂わすことになります。９歳といえばまだ子供です。いくら当時の成人式（元服）が早かったといっても幼年期から青年期には違いありません。この時期は本来、しつけの時期であり、日々さまざまなことに思い悩む時期でもあります。この時期さまざまな苦汁を飲んだものほど将来大きな人生の金では買えない財産つまり経験や信頼できる仲間を手にいれ、大人になってからの困難をさまざまな角度から工夫し、分別よく解決していけるのです。思慮深さや根気、粘りとか思いやりの心、そして「絆」もそういう青年期の矛盾を乗り越えることにより身につく、いわば生きる力だといえます。

しかし長矩は、この時期ただひたすら、城主として、「大切に」育てられていたため、世間知らずのエゴイストに育ってしまいます。欲しいものは何でも手に入れることができ、自分の言うことを聞かないものは誰もいなかったからです。このような生活をしている者に忍耐力がつくはずがありません。困ったことにぶち当たれば、「よきにはからえ」ですませてしまえるから創造力も決断力も養われず、まして自立心など育つはずもなかったのでしょう。

このようなタイプの人間は、年月の経過に伴い、知らず知らずのうちに無力感を持ちはじめ、それが心の安定を失わせ、短気で気まぐれな感情、つまり「殿様気質」を作り上げてしまうのです。

長矩が元禄の時代、「松の廊下」で引き起こした大事件は、まさしくこの「殿様気質」の現れであろうと思われるのです。挑発されたから、日頃の嫌がらせの我慢ができなくなったから、といっても、江戸城で刀を抜けば切腹・お家お取り潰しは明白です。自分のことは武士として名誉ある死に方ができますし、自分の責任ですから仕方がありません。しかし、家臣たちが、その後どのような目にあうかを考えれば、我慢すべきであったはずです。結果的に、多くの家臣が路頭に迷うこととなり、討ち入りによって多くの命が失われたのです。戦国時代が終わり、比較的平和な時代が続いていたこの元禄時代、民衆は「討ち入り」を忠臣としてもてはやし、美談として後世に伝えられたのです。

長矩は、単に感情を抑えきれず、刀を抜いてしまっただけのことなのです。彼の育った環境に同情する余地はありますが、一国一城の主が取る行動ではありません。

「無我夢中」という言葉があります。いい事に集中するのはかまいません。しかし、集中が度をこして、「見境がない」とか「理性がない」「判断力がない」「耐えられない」「我慢できない」という意味での夢中では困ります。自分をコントロールできないのであるならば、たんに、こらえ性がないということであり、結局それは、自分を破滅に追い込むだけでなく、多くの人に迷惑をかけてしまうでしょう。

「日常の瑣事」という言葉があります。瑣事とはつまらないいざこざとか、ささいな困難という意味です。我々は、毎日の生活の中で、自分の思い通りにならないささいなことに常に出くわしているのではないでしょうか。思い通りにならないことのほうがほとんどで、たまにうまくいくことがある。そんな時思わず、苦労をしたり、我慢した甲斐があったと思えるのではないでしょうか。人生楽しいことばかりではありません。つらいこと、友人同士の心のすれ違い、自分の環境を嘆くこともありますし、思い通りにならないことなど、日常の瑣事をしっかりと受け止め、それを克服していく姿勢がいかに大切か、この「松の廊下」事件は私たちに教えてくれているのだと思います。

練習で選手はしんどいことを嫌がります。コート整備やいわゆる雑用をしようとしません。小さなトラブルについても親が出ていき解決しようとします。子供たちは「日常の瑣事」に悩むどころか、そんな時でもゲームをして知らん顔です。

どうかお願いです。子の成長を真に思うなら、成長の機会を奪わないでください。見守るのも大きな愛情だと思います。

敵国外患無きものは、国恒に滅ぶ

孟子の言葉ですが、敵対する国も、侵略してくる敵もないと、君主も国民も警戒心を緩め、その国の文化は停滞し、遂には滅ぼされるであろう。

つまり、日頃自分を苦しめる物・者・事件があり、それを克服していこうと努力をする。そのことによってのみ成長があるのだ。

54 人間の値打ちについて

俳優　渥美　清さんのこと

「男はつらいよ」の映画で有名な、俳優渥美清さんについて、映画監督山田洋次さんが「寅さんの教育論」という本を書いています。

渥美清さんは、小・中学校時代クラスで成績が1番か2番目に悪かった。だから、ずっと教室の一番後ろに座らされていました。渥美少年は、授業がさっぱりわからなかったし、興味もなかった。

教室での渥美少年は、ただぼんやりと先生を観察したり、一生懸命勉強している生徒の顔を見たりしながら退屈な時間をすごしていました。一生懸命勉強している少年たちも、1時間のうちに1度や2度、一息入れる時間がある。先生もチョークをおいて言葉を止める。そうすると、生徒たちはいっせいに、なんとなく、渥美少年のほうを振りかえって見る。そのとき、渥美少年は、おれの出番だとばかり、にっこり笑うのだそうです。少年の頃から、あの四角い顔をした渥美さんの顔はとても面白かったのだそうです。見ただけで、吹き出すような笑い方をしたのだそうです。「わー」と大声で笑う。そうすると、みんななぜか元気が出てきたということです。そして再び授業が続けられていきましたが、渥美少年は、また退屈な時間を過ごしていきました。

渥美さんは、成長してからも、ずっと一貫して、そういう役割をかつてのクラスに代わってこの社会で担っています。仕事や生活に疲れた人たちを、笑いを通して元気づけています。勉強ができないということは、人間の能力の一部分に対する評価です。一生懸命勉強に夢中になっているあまり、気がつかないことを、渥美さんはちゃんと気づいていたり、考えていたりしていたのかもしれません。それは人間にとっても、とても大切なことであったりするのではないでしょうか。

勉強がいらないのではありません。そうではなく、人間のねうちについて言っているのです。

お互い、励ましあって勉強したり、目標を達成するために協力し合ったりする中で、人それぞれの人間としての「良さ」「あたたかさ」みたいなものを友人から見出してください。

……残念ながら、「いじめ」はなかなかなくなってはくれません。同じ目標、同じく成長を願っている選手が集まる中、まさか仲間を「いじめ」てはいませんよね。

そもそも、仲間をいじめる人はスポーツをする資格はありません。成長段階における「失敗」や「行き過ぎ」た行動は仕方がありません。気が付けばすぐに過ちを認め「ごめん！」って謝りましょう。しかし、繰り返し繰り返し相手を否定するような言動はダメです。

自分を認めてもらいたいならば、まず相手を尊重すべきです。重ねて言います。「アカン」人間はいないはずです。ましてや、将来の宝になってくれる貴重な仲間ですから、なおさらです。

成功する選手は口をそろえて言います。「支えてくれた親や仲間のおかげです」。ならば、自分が成功した暁には「君がいてくれたから今の自分があるのです。有り難う！！」といえる仲間を作ることの方が大事なのではありませんか？

「アカン」人間はいないはずです。

55 「乱打」を考える

別に暑いときに限ったわけではないのですが、ソフトテニスの練習は、他の競技に比べて練習時間が長いということが特徴です。その中でも「乱打」という練習は必ずといっていいほど行われるものです。日本全国「乱打」のない練習はないと思っています。ところがこの乱打が曲者です。ソフトテニスのもう一つの特徴はミスが多いということです。ミスをしなければ成長もないのはわかっていますが、成長のためのミスとそうでなくクセとして身についてしまうミスとがあります。それは同時に、自分の限界を身につけてしまうミスでもあります。人間の行動は「**繰り返すと身につく**」と生徒によく話をします。それは良いことだけでなく悪いことも身についてしまうのです。良いことは身につきにくく、悪いことは簡単に身についてしまうからこれも厄介なことなのです。

さて、乱打の話ですが、多くの学校で行われている「乱打」練習は「時間」を決めての乱打がほとんどだと思います。そして中身はどのようなボールを打って相手に打ち勝ったかとか何本続いたかというところが重要視されているようです。指導者もその中で成長を期待し、また体力づくりの基本に位置づけているようです。私も大学生の時は２時間３時間乱打なる練習をしていました。今から思えばなんて無茶な練習だったのだろうなんて思ってしまいます。全くの否定をしているわけではありませんし、そのことによって得たこともあったと思いますが、ただがむしゃらにやっていた下級生の間は確かにフォームも悪かったでしょうし、意地を張って打ち合ったために肩や腰を痛めたこともありました。ある時はそうすることによって無駄がなくなり体にあったフォームが身につくのだと信じていました。しかし今から思えば本当にそれでよかったのかは疑問です。確かに身についたものもありますが、身についたものの中には必要としないものもあったような気がします。それは、ミスをする習性です。このような乱打は、回数だけどちらかがミスをしていることになります。それは１時間で100回という数字であり、それが毎日繰り返されていくわけですから、繰り返すことによってミスをするクセを身につけていることにもなります。

　これではおかしいですよね。さらにミスが続くことによって集中力が落ちてきます。暑い夏ならば体力的にも精神的にも苦しいことでしょうね。苦しいことに打ち克って初めて得るものがあるのだ、という反論はどこまで言っても尽きることはありませんからここではしません。しかし、同じ時間をかけるならば、そのような消極性・失敗体験の積み重ねよりも積極性・成功体験の構築に重点が置かれないものかということを考えるべきだと思います。苦しいけれども成功させる。成功したときの喜びを求める練習です。成功させるのですから目標を設定するのです。松蔭大学の元監督であった表先生は、**7本乱打**を提案しており、先生にアドバイスしていただいた高校や中学校の先生方が実際にやって成功しています。乱打は必ず7本で止めるのです。そして、レベルにもあったボールでこれを成功させる事を目標に練習します。このことによって、選手の成功経験を増やしていき、日頃から自信をつけさせるよう仕向けていくのです。スピードやテンポはそれぞれの技術に応じて変化させるべきです。成功することによって自分たちでテンポを速めていけば、飽きることなどありません。

乱打一つをとっても考え方や練習方法によって、その内容は大きく変わります。そう思うと他にもまだまだ工夫次第でもっと効率の上がる練習はあるのでしょう。同じ時間をかけるのならば、もっと有意義な練習をしたいという願いは指導者だけでなく選手も同じです。指導者には、そんなところに興味を持つ余裕がなければいけませんね。「いかに楽しませてやろうか」を競争できれば毎日の練習がもっと面白くなりそうですね。

56 「乱打」を考える　2

乱打はソフトテニスの基本練習であることは間違いありません。だからこそ軽く扱うことに注意を促す必要があります。多くは、朝の最初の練習に組み込まれます。工夫している学校では、乱打の前にアップもかねていろいろな練習を組み入れています。例えば、カットを入れた練習や、ポンポン練習、ボールとラケットに慣れさせる時間を組み入れています。大切なことだと思います。軽いトレーニングを入れて一度汗を流すことも大切ですね。

私ができなかったことですが、例えば一日練習ならば、半日はラケットやボールを使わずに体力トレーニングをすることも大切なのではないでしょうか。だらだらと練習するよりはその方が効果的なようにも思えます。毎日の練習にも体力トレーニングを半分は取り入れることも考えてもいいと思います。どうしても目先の技術力をアップさせることが優先されてしまい、トレーニングが雨の日だけになってしまったのが私の反省です。

さて、乱打の話ですが、多くは一日の始まりとして位置づけされているようですが、そうであるならば、始まりのイメージをしっかりと持つべきだと思います。多くの高校生を見ていると、本当に驚くべきことが平然とおこなわれています。例えば、一球目から強いシュートボールを打ち、ネットにかけたり、アウトをしています。または入ったとしても相手が驚いて打ち返しますがどこかに飛んでいってラリーが続きません。いわゆる弱い学校での練習はこのような感じで行われています。選手の感覚的な部分しかありません。練習の始まりがこれではその後の練習も感覚的な練習でしかないでしょうね。

以前、ある指導者が「ボールを打つというのは、**ヒットする**か**こする**かしかないんですよ」と言っていました。ヒットするというのは、フラット面で打つという意味でしょう。こするというのは、ドライブやカットするということで、いろいろな角度でこすることによって表現が変わってきますし、強くこすることによってシュートボールのようにも飛びますし、大きくこすることによってロビングにもなります。こする角度や強さによってさまざまな打球が打てます。したがって、こする練習も大切なことだと思っています。

この「こする」練習を最初に行うならば、ショート乱打が効果的ではないでしょうか。一番短い距離から徐々に長い距離へと段階を取って練習するならば、最初はボールを上から下へとこするカットの練習でしょうね。次に下から上にこするいわゆるドライブ回転でのショート乱打、またはこの間にノーバウンドストローク（ポンポン練習）も大切でしょう。

ベースラインからの乱打はフラット面から始めることが大切です。フラットと言ってもいきなりヒットしてはダメです。いわゆるボールとラケット面とのタッチの感覚を確かめる必要があり、柔らかいタッチで大きなロビングをフラット面で打つようにすべきです。面を修正したり微調整できるということが大会で勝ち抜いていくために必要なテクニックであることは多くの方々が経験しているはずです。また、打点にもよりますが、ミスの多い選手の多くがラケット面のコントロールができないという共通点をもっていることも事実でしょう。

ベースラインからの乱打は、「必ずフラット面で大きなロビングから始めること！」です。滞空時間のできるだけ長い、縦回転のかかっていない打球から始めるべきです。ベースラインを狙ってゆったりとしたラリーが望ましいでしょう。滞空時間が長いのですから、その間に軸足の設定や、フォームのチェック、大会ならば、風や太陽の位置、その他周りの環境などもチェックするべきでしょう。意識的にオープンスタンスで打ってみたり、クローズスタンスで打ってみてもいいですね。クローズスタンスで打つと自然にドライブ回転がかかってきます。

このようにして、徐々に中ロブに移行していきます。中ロブもお互い高い打点を意識して打ち合いましょう。このようにしてようやくいつもの乱打へ入っていくのです。時間がかかりますが、無理をしてでもこのような段階は練習に組み込んでおくべきだと思っています。時には、一方がシュートで一方がロビングという乱打も必要でしょうね。

『乱打』……。
そもそも、『乱打』とはどのような練習でしょうね。

たぶん、柔道における『乱取り』練習からその呼び名があるのでしょう。やはり柔道においてもこの練習は不可欠であり、基礎練習だと思います。お互い技をかけあう自由練習であり、「打ち込み」で磨いた技や約束練習で身につけた投げ技や抑え方を駆使して相手を攻撃したり防御したりする実践的な練習方法です。

ソフトテニスにおいては、素振りや一本打ち基本ボレー・スマッシュ練習が「打ち込み」練習に当たり、乱打が『乱取り』でしょうか？

残念なのは、ソフトテニスにおいては、乱打がアップ的に行われているということです。基礎練習としての乱打が、アップを兼ねているため、乱打の時点で練習自体の目的意識がばらついてくるような気がします。大切な基礎練習だから毎日行うはずの練習が、そうでなくなっていることに気が付くべきでしょう。毎日の繰り返しが力となりますが、間違いの繰り返しもまた悪い癖が身につく原因であります。それは技術面においても精神面においても同様です。

57 「乱打」を考える　3

いつ動作が始まるのか、何に集中しているのか、そのボールに対して何歩のフットワークを基準にしているのかなど、選手が何気なくおこなっている乱打を見ていて疑問を抱きます。なぜなら、その選手が基準にしている動作の始まりは、まさしくソフトテニスというスポーツの原点であるべき事柄であるとも思えるからです。いつもの練習だからこそ、意識が集中すべきだとも思えるのですが、どうも現実は軽く扱われているようですね。試合中に「集中しろ！」というアドバイスを受けた選手が、具体的にいかに集中のプロセスをたどって自分をその世界へと導いているかといえば、ほとんどが具体性を持ってはいません。感覚的に調子を上げるという行為により自己満足的に乱打という動作をしているように思えます。

いつ動作が始まるかについては、具体的に相手のインパクトだといえましょう。「予知性」という言葉がありますが、経験を積むにしたがって、自分が打球したことによってその感触により、次のボールが予測できることもありますが、それは特殊なケースであっていつでもできるわけではありません。確かに、経験上あるのですが、そのような「予知性」を基準に練習することは危険だと思います。あくまでも自分の力を「予知性」によって判断してはならないと思います。大会を勝ち抜く中でそのような状態に入ることは誰もが願っていることですが、普段の練習の中での自分が意識できうる状況での訓練としての基準を考えています。

動作の基準を相手のインパクトに合わせることは、普段の練習で意識しているかいないかの差がはっきりとしてくる点でもあります。何気なく練習しているチームでは、明らかにこの点がなされていません。そのようなチームのほとんどが、相手ボールがネットを越えてから動作が始まる傾向にあります。したがって、テンポが非常に遅いように映りますし、実際、練習のための練習という傾向が強いでしょうね。

58 「プレーヤーである前に一人の学生であれ、学生である前に一個人であれ、そして人たれ」

同志社大学ソフトテニス部の元総監督であった仲村要先生は、部員に「ソフトテニス部の選手である前に一人の学生であれ、学生である前に一個人であれ、そして人たれ。」とよく諭しておられました。

私も学生時代よくそういわれたのですが、当時はその深い意味を十分理解できなかったと思います。「勝ちたい」「結果を残したい」が優先された時期もありますし、目の前の楽しいことに時を費やしたこともあります。仲村先生の言葉に真剣に向き合うことなく日々を過ごしていたのかもしれません。

そんな言葉と向き合えるようになったのは学生生活最後のあたりかなぁ、またはもっと後になってからかもしれません。この年になっても、まだその真意をくみ取ることもできていませんし、そもそも学生たるものが何であるか、個人とはどうあるべきか、『人』とはどのようなものなのか？「自由」とは何か？

という永遠のテーマにまで関わりそうです。

特に厄介なのは「自由」という言葉です。「ありのままでいいんだよ」という言葉は間違いないと思います。個性を重んじることの重要性は否定できません。しかし、『あるがまま』と「成長」とは別次元の問題です。人が成長する過程で個性も変化を見せます。そう、成長すべきだと思います。『あるがまま』も『あるべきようは』へと成長しなければなりません。

『阿留辺畿夜宇和（あるべきようは)』とは華厳宗の中興の祖と呼ばれる明恵《みょうえ》（高弁）の言葉で、人は『あるがまま』に生きるのではなく、どのように生きるべきなのか（あるべきようは）を常に自ら問いかけながら、「今、を生きる」べき、という意味です。

古代ギリシャのアリストテレスのいう『中庸の徳』にも共通する思想だと思いますし、19～20世紀にヨーロッパで普及した実存主義にも通ずる思想です。

華厳宗は南都六宗（三論、成実、法相、倶舎、華厳、律）の一つで奈良時代栄えましたが、平安の時代に衰退し、平安末期から鎌倉初期にかけてひろがった浄土思想に対抗すべく明恵が再建しました。明恵ゆかりの寺は京都栂尾の高山寺です。彼は、法然の教えについて「摧邪輪」を記し批判したようです。入試では必須項目ですね。

さて、「自由」という言葉は重要です。人は「自由」であるべきなのですが、「勝手気まま」が「自由」ではありません。「個人主義」も自分がすべて優先ではありません。『阿留辺畿夜宇和』の７文字は重いような気がします。まだまだ、学ばなければなりませんね。

学生諸君！「自由であれ！」

59 「この一球」

テニスに関する名言があります。

「この一球は　無二の一球なり
されば心身を挙げて一打すべし
この一球に技を磨き体力を鍛へ
精神力を養ふべきなり
この一打に今の自己を発揮すべし
これを庭球する心という」

この言葉は、福田雅之助氏が早稲田大学テニス部に贈ったものであります。

福田氏は１９２２年第１回全日本選手権大会のシングルスで優勝し、その後デビスカップの監督をするなど日本におけるテニス競技を普及、発展させた人物の一人です。テニス競技に精神を吹き込んだ人物とも言えるでしょう。

福田氏の中高そして大学時代は、まだテニスが普及していた時代ではありません。そのため大学卒業までは軟式庭球（ソフトテニス）の前衛だったと聞きます。彼が本格的にテニスに没頭するのは、貿易会社に入社後のことであり、その意味では彼を鍛えたソフトテニスの影響は大きかったと思われます。この時代は多くの方々がソフトテニスからテニスへと転向し、活躍されています。

今とは違い、テニスのボールやラケットは格段高価だったことが要因になります。独自に柔らかいボールを開発し、テニスとは少し違う文化が作られたのです。日本で始まった軟式庭球は、その後も学生たちにより日本全体に広まりました。この時期、テニスとは軟式庭球を意味していたのです。

福田氏も軟式庭球に親しんでいたのです。しかし、ソフトテニスの最大の課題は、「世界性」にあります。グローバルという言葉が一般的に使われる現代、ソフトテニスの限界が「世界性」にあることは間違いないことで、大きな課題でしょう。福田氏は世界という視野で活躍する商社マンとして、また世界に通用するテニスプレーヤーに転向し、視野を広めるとともに、長年培った精神をテニス競技に注入したといえます。日本におけるテニスに対する文化を確立したといえるでしょう。テニスに日本の文化を注入したという点で敬意を払いたいと思います。それはテニスというスポーツと「哲学」「武士道」「禅」の精神の融合だと考えます。

ソフトテニスにこのような精神がないのかというと、そうではありません。逆に日本発祥のソフトテニスの方が、短期決戦という側面や独自の文化の創造等の要因や特性の中、精神面の奥深さはテニス以上に深く構築されていると感じます。どちらがスポーツとして優れているという愚問は不要です。

私自身『この一球』という言葉とともに鍛錬し、人生のテーマとして、この言葉に影響されてきたことは間違いありません。先人の偉大なる「言葉」に感謝しています。

滋賀県ソフトテニス連盟の賞状にはこのように記載させていただいています。

『この一球　にかける君の情熱に
心より賛辞を贈る』

60 『看脚下』

成功した人のほとんどが、小さい頃から身についている習慣として①大切なことをメモする習慣があるといいます。

私にはこの習慣が身についていなかったようで、後悔しています。その他の習慣を紹介しておきますと……。

②「おはよう」「お休み」とかの挨拶ができる。

③嫌なことに対してノーと言える

④靴をそろえる習慣が身についている　などです。

『看脚下』（きゃっかをみよ）という言葉があります。お寺にいくと、廊下にこんな言葉が書かれた立て札があるそうです。靴をそろえてくださいという意味ですが、もっと奥の深い意味があると思います。

足元、それは日本人にとって身体を支える土台・基礎のことをいいます。靴をそろえるということは、単に靴をそろえなさいというよりも、自分自身を見直しなさいという意味になるのでしょう。何事をおこなうにしても基礎・土台がしっかりしていなければ、すぐに壊れてしまいます。経験をたくさん積み重ね、失敗・挫折を繰り返しながら大きな目標を成し遂げようとするならば、何よりも土台が大切になります。大地にしっかりと両足をつけ踏ん張ることはできますか？　こんな意味があるのでしょうね。

しっかりと大地に根を張り、雨にも風にも雪にも負けない自分を創り、目標を、夢をかなえよう。大地からたくさんの栄養をいただきます。そう考えると自分を取り巻く環境に感謝の気持ちを抱かざるを得ません。自分を育ててくれるこのテニスコート、共に競い・努力し・切磋琢磨する友人たち、自分を支えてくれる先生や親に、感謝の気持ちを持つことの大切さは、このような気持ちから生じてくるのでしょう。コート整備を嫌がる人に、何でチャンピオンの資格が生まれるのでしょうか？　目標を達成した時、友人や先輩、後輩、親に感謝の気持ちを持たない人はいません。

61 『能力』と『人柄』

人を評価するとき「能力」から判断する場合と「人柄」から判断する場合があります。

多くは「能力」によって評価することが多いようです。小さいころから学校の成績という「能力」を基準に評価する、されることに慣れてしまった子供たちや当然大人たちには何の抵抗もありませんが、さてさて、大事な場面で評価されるのは「人柄」ではないでしょうか？
私はそう思います。

残念ですね、学校での評価に「人柄」という項目を入れればいいのに……。

「能力」による評価、そんな生活が高校入試や大学受験、さらには就職にまでつながっていきますから、ある意味「能力」を鍛える機会はたくさんあります。それでは「人柄」を鍛えるにはどうしたらいいのでしょうか。「人柄」も大切だということは誰もが知っていることです。親友を能力で選びますか？「人柄」を優先するのではありませんか？

そうですね、まさしくスポーツが持つ重要な役割はここにあるのだと思います。大会での成績が良かったからと言っても「あの言動はないよね」の評価は悲しいです。大会で負けたとしても「素晴らしい態度」は評価されるものです。自分の成果よりも仲間を思う気持ちや感謝の念、敗者を思いやる態度等々、が大切です。

「能力」は車に例えるならば「エンジン」や「アクセル」、一方「人柄」は「ハンドル」や「ブレーキ」にあたります。いくらその車の性能が良くなっても運転する人の「人柄」に問題があれば、それは単なる凶器にしかなりません。したがって、私たちは「人柄」をもっと評価すべきなのです。スポーツをする、もしくは指導するにあたって、評価すべき点、目標とすべきはここにありますね。

周囲が評価してくれなくても「どのような状況においても全力を出せる！私」を私自身が評価する。そして、頑張る仲間を評価する。そんな集団が私の憧れです。

すでに機械の能力が人間を上回る時代です。そんな時代に「人柄」で勝負できる『私』であり『集団』でありたいですね。

　ソフトテニスだけでなく、すべてのスポーツが「人柄」を鍛える「場」となることを願います。

あとがき

この「切磋琢磨」は平成16年に完成させたものに一部加筆したものです。当時、全国高体連では、外部コーチのベンチ入りを認め、導入した時期であります。そして令和５年度からは「働き方改革」の一環として先生方の負担軽減を理由に全国中学生大会についてクラブチームの参加を認める方向を決定しました。たくさんの課題をほとんど解決しないまま、無茶な結論です。大転換期になる可能性も大いにあります。つまり学校体育に基盤を持っていたソフトテニス競技の危機という意味です。ソフトテニス関係者は大いに議論して活路を見出し、今後のスポーツのあり方、ソフトテニスの発展について議論すべきです。

一方、プラスにも考えるべきです。ソフトテニスをもっと楽しみたい、もっとたくさんの事を知りたいし自分の能力をもっと開発したいと願っている選手はたくさんいるでしょう。しかし、専門家の顧問がいないから、次第にやる気が消えていってしまったという例は数多く見受けられます。学校体育という枠を超えて意欲ある選手が地域クラブにより救済されるという可能性です。したがって、ソフトテニスの指導者の発掘、育成を行い、より多くに人材を有効に活用することで、社会体育の中でその基盤を構築すべきチャンスかもしれません。

問題点はたくさん浮上してくると思いますが、時代の流れをしっかりと受け止め、より良い方向性を模索せねばなりません。ソフトテニスを愛し、発展させていこうと努力しておられる多くの方々に将来を委ねなければなりませんね。

指導者の育成は今後不可欠だと言えます。選手の育成だけでなく、指導者自身が学び、人格を高め、将来のあり方を模索するという重責を担うという自覚を求めることとなります。

今回、私がこの本を発行することを決めたきっかけは、少しでもこのような状況の中で、ソフトテニスを多くの方々に理解していただき、より多くのソフトテニスを愛する選手を育てていただきたいと思ったからです。この本は、主観性が強い部分と客観性が強い部分とそれぞれあります。主観性が強い部分に関しては、私の意見・考えですから否定されてもいいと思っています。また、ここに書ききれなかった多くのセオリーやパターン、理論はどんどん補充してもらいたいと思っています。

また、今回初めて文章でソフトテニスを表現するにあたって、私は、日本語の難しさを痛感いたしました。言葉では説明、表現しにくいことがあまりにも多く、頭のなかで思っている事や、具体的に体をどのように動かすかを文字にしていくのは本当に苦労しました。読みづらい点も数多くあったと思っております。

すでに立派な教えやすぐれた指導書はいくらでもあります。自分を鍛えるための手引書はたくさん存在していることでしょう。多くの知識は、単に知っているというだけで終わらず、活かしてこそ初めて価値が出てきます。そして活かすためには何よりも自分にとらわれない素直な心が大切です。知らなかったことがわかる、できなかったことができた時のワンダフルな心、それは選手にも指導者にも求められるでしょう。選手は将来の指導者です。勝ち負けにこだわることも大切ですが、この心を見失わないように指導者は心してその大任に当たっていただき、また選手自身も成長していただくことをこころより願います。

私自身も教訓にして生活していきたいと思っています。

2023年3月　吉日

金井　豊

参考文献

『寅さんの教育論』　山田洋次　（岩波ブックレット）
『大器の片鱗』　邑井操　（ＰＨＰ研究所）
『秘すれば花』　渡辺淳一　（講談社文庫）
『不動心』　尾関宗園　（徳間書店）
『浮浪雲』　ジョージ秋山　（小学館「ビッグコミックオリジナル」）

〈著者紹介〉

金井　豊（かない ゆたか）

昭和 31 年 12 月 12 日兵庫県尼崎市生まれ。
ソフトテニスは、中学校から始め市立尼崎高校にて井上徳次郎先生に指導を仰ぎ、同志社大学文学部へ進学。
卒業後滋賀県で選手として活躍。また高校教員として選手の指導・育成に当たる。
現在、同志社大学ソフトテニス部女子部の監督として学生の指導・育成に携わっている。
日本スポーツ協会公認指導者（コーチ 3）

切《せっ》磋《さ》琢《たく》磨《ま》

ソフトテニスの構築《こうちく》と深化《しんか》を求《もと》めて

2023 年 3 月 17 日　第 1 刷発行

著　者　　金井 豊
発行人　　久保田貴幸

発行元　　株式会社 幻冬舎メディアコンサルティング
〒151-0051　東京都渋谷区千駄ヶ谷4-9-7
電話　03-5411-6440（編集）

発売元　　株式会社 幻冬舎
〒151-0051　東京都渋谷区千駄ヶ谷4-9-7
電話　03-5411-6222（営業）

印刷・製本　中央精版印刷株式会社
装　丁　　野口 萌

検印廃止

Printed in Japan
ISBN 978-4-344-94428-2 C0095
幻冬舎メディアコンサルティングＨＰ
https://www.gentosha-mc.com/